# PERSPECTIVAS

## B1

Spanisch für Erwachsene
Sprachtraining



Cornelsen

**Perspectivas B1**
Spanisch für Erwachsene
Sprachtraining

Im Auftrag des Verlages erarbeitet von María del Carmen Mata Manjón M.A. und Araceli Vicente

Redaktion: Ana Calle (verantwortliche Redakteurin), Dr. Gunther Weimann (Projektleitung)
Redaktionelle Mitarbeit: Kerstin Reisz und Denise Schmidt

Illustration: Joaquín González Dorao
Umschlaggestaltung: werkstatt für gebrauchsgrafik, Berlin
Layout und technische Umsetzung: graphitecture book, Rosenheim

**www.cornelsen.de**



1. Auflage, 1. Druck 2009



Druck: Himmer AG, Augsburg

ISBN 978-3-464-20459-7

Inhalt gedruckt auf säurefreiem Papier aus nachhaltiger Forstwirtschaft.

# ¡BIENVENIDOS A PERSPECTIVAS!

Perspectivas führt in drei Bänden zur Niveaustufe B1 des Gemeinsamen europäischen Referenzrahmens und bereitet auf das Europäische Sprachenzertifikat Spanisch vor.

Im Kurs B1 lernen Sie weiterhin praktisches Spanisch für den Alltag. Sie lernen, an Gesprächen über vertraute Themen aktiv teilzunehmen, längere Texte zu verstehen und über Alltagsthemen kürzere Texte zu schreiben.

### Das Sprachtraining

Für alle, die noch intensiver im Unterricht oder zu Hause üben möchten, bietet das Sprachtraining weiterführende Übungen, die selbstständig zu Hause oder im Kurs bearbeitet werden können.
Das Sprachtraining Perspectivas B1 enthält 12 Unidades, eine Autoevaluación sowie die Soluciones.
Je nach Bedarf können Schwerpunkte gesetzt und ein jeweils passendes „Lernmenü" zusammengestellt werden.

Am Anfang jeder Unidad finden Sie die Rubrik Una vez más. Sie bietet Ihnen Übungen zur Wiederholung ausgewählter Aspekte der Grammatik, des Wortschatzes oder der Redemittel und bereitet Sie auf die weiteren Übungen der Unidad vor.

Unter www.cornelsen.de/perspectivas gibt es für die Arbeit mit Perspectivas ein Zusatzangebot für Lehrende und Lernende.

Viel Spaß und Erfolg mit Perspectivas wünschen Ihnen die Autorinnen und der Cornelsen Verlag!

# Índice

Symbole:

8 ↪ Diese Übung können Sie nach der Übung 8 des Lektionsteils im Kurs- und Übungsbuch bearbeiten.

✎ Schreiben Sie in Ihr Heft.

# 1 CAMBIOS QUE NOS CAMBIAN

## Una vez más

### Vocabulario

**1** **Relacione las palabras de las dos columnas.**

| | |
|---|---|
| 1. agricultura | a) paz |
| 2. inmigrante | b) habitantes |
| 3. guerra | c) política |
| 4. población | d) escuelas |
| 5. democracia | e) cosecha |
| 6. educación | f) euro |
| 7. moneda | g) extranjero |

### Gramática

**2** **Complete con las formas del pretérito imperfecto o indefinido.**

La primera mujer

En un mito hebreo se cuenta que antes de Eva existió otra mujer en el Paraíso. __________ (1. llamarse) Lilith y __________ (2. ser) muy hermosa y alegre. Según el mito, Dios la __________ (3. crear) con barro, igual que a Adán. Ella fue su primera esposa.

Adán y Lilith nunca encontraron la paz juntos.

Cuando él __________ (4. querer) acostarse con ella, ella tenía que obedecer. Entonces ella siempre le __________ (5. decir): ¡No! Tú y yo somos iguales, hemos sido creados de la misma tierra, ¿por qué debo obedecerte?

Lilith __________ (6. sentirse) infeliz en el Edén, __________ (7. querer) volar y ser libre. Hasta que un buen día __________ (8. dejar) el Paraíso del bien y del mal ¡y a Adán!

Entonces __________ (9. convertirse) en una mujer independiente y __________ (10. crecer) libre. No fue ni buena ni mala, simplemente libre.

Más tarde, otra mujer, Eva, también __________ (11. irse) del Paraíso. Y así __________ (12. empezar) la historia oficial que todos conocemos.

Y ahora las mujeres somos hijas de Eva ... ¿o de Lilith?

## Comunicación

**3** **Trabajo compartido.** **¿Quién hace qué? Complete lo que dice cada uno.**

llevar a los niños al cole – planchar – lavar los platos – cuestiones financieras – cocinar para la familia – limpiar toda la casa – hacer la compra

Paco

1. Yo me ocupo de __________________ para toda la semana: voy al supermercado, compro la comida, las bebidas y otras cosas.
2. Tengo que __________________ todos los días.
3. Y me toca __________________, bueno, poner el lavavajillas, varias veces al día.
4. De las cuentas, las facturas, el banco ... y todas las __________________ me ocupo yo, sí.

Araceli

1. Pues yo me ocupo de la ropa de toda la familia: poner la lavadora y también __________________.
2. Normalmente cocino yo. A Paco le gusta preparar el desayuno o __________________ sólo el fin de semana.
3. De pasar la aspiradora y __________________ me ocupo yo y tenemos también una persona que viene dos veces a la semana a ayudar.

# Vocabulario

16 ↪ **4** **Complete la tabla con el sustantivo o verbo correspondiente.**

| verbo | sustantivo |
|---|---|
| desarrollar | |
| | solución |
| contaminar | |
| reciclar | |
| | consumo |
| permitir | |
| | gobierno |
| modernizar | |

16 ↪ **5** **Y ahora complete las frases con las palabras del ejercicio anterior.**

## Cambiar el mundo: consumo responsable

1. Estamos acostumbrados a ____________________ sin pensar que cada vez que compramos algo estamos cambiando un poco el mundo.
2. Cuando compramos algo decidimos muchas cosas: si nuestro producto está fabricado por niños, si la fabricación supone una grave ____________________ del medio ambiente, si el uso del producto puede dañar a personas o animales, si puede reciclarse o no ...
3. De las decisiones de los consumidores depende el éxito de un producto. Por ejemplo, si nadie compra la prensa, los periódicos y revistas quiebran.
   Es así: el ____________________ mueve el mundo. Por ello, ¡derrocha inteligencia al consumir!

## Propuestas para un consumo responsable

4. **Comercio justo: consume aquí para que coman allí.**
   Si quieres ser solidario con tus compras, puedes consumir y al mismo tiempo cooperar activamente en el ____________________ de otros países. Para ello, sólo tienes que comprar en las tiendas donde venden productos llegados de países en vías de desarrollo.
5. **Cuida el medio ambiente y él te cuidará a ti.**
   Mira bien qué compras, si tienes en cuenta el ____________________, habrá menos contaminación.
6. **Sé crítico ante la publicidad.**
   La publicidad intenta convencerte por todos los medios de que necesitas cosas.
   La ____________________ es decir: ¡NO! Nadie sabe mejor que tú qué quieres y qué necesitas.
7. **No a la mano de obra infantil.**
   No compres productos de países que ____________________ la mano de obra infantil.

8. **Participa en proyectos de cooperación.**
   Los ____________________ de los países ricos deben ayudar a los países más pobres con proyectos como crear escuelas, cultivar productos para el autoconsumo o ____________________ las instalaciones de las comunidades.

# Gramática

9b ⇨ **6** **Complete las frases con desde, desde hace, desde que, hace, antes, todavía, todavía no y ya no.**

Rafa: Os invito el sábado a mi casa ... ¡a hacer karaoke! Seguro que nos divertimos mucho ...

Carolina: Pero, ¿ ______________ cuándo tienes tú un karaoke?

Rafa: Pues ______________ una semana, me lo regalaron por mi cumpleaños. Me encanta el regalo pero ______________ no lo he probado con amigos ...

Miguel: A mí también me gusta mucho ... Yo ______________ dos años iba mucho a un bar que tenía karaoke ... Nos lo pasábamos muy bien ... y nos reíamos mucho, pero ______________ lo cerraron ______________ he ido más a ningún bar de karaoke.

Rafa: Oye, y ¿vosotros sabéis cuánto tiempo ______________ que existe el karaoke?

Carolina: No me acuerdo muy bien, creo que hay bares de karaoke ______________ los años 70 ...

9c ⇨ **7** Bancos de tiempo. **Complete el diálogo con las formas correspondientes del pretérito perfecto, pretérito indefinido o pluscuamperfecto.**

Natalia: ¡Hola, Isabel! ¿Qué tal?

Isabel: Pues ... muy bien, hoy ______________ (1. ir) al banco de tiempo. ¡Es genial!

Natalia: ¿Un banco de tiempo? ¿Y eso qué es?

Isabel: Bueno, pues es un banco muy especial que funciona con tiempo en vez de dinero. Sin dinero se pueden hacer muchas cosas, pero sin tiempo, no.

Natalia: No entiendo ... ¿Te ______________ (2. dar / ellos) horas en el banco en vez de billetes?

Isabel: No exactamente ... Te explico: es un banco donde la gente intercambia servicios por tiempo ... Yo ayer ______________ (3. traducir) una carta al inglés para Carmen, y, a cambio, esta mañana le ______________ (4. yo / pedir) ayuda para transportar unos muebles ... O, por ejemplo, allí me encontré con Pilar, que ______________ (5. ir) a dar una clase de Latín a Gonzalo.

Natalia: ¿Y dónde hay bancos de tiempo, sólo en Madrid?

Isabel: No, no, qué va. Hay en todo el mundo. Los bancos del tiempo ______________ (6. nacer) en Italia hace más de 20 años y después ______________ (7. expandirse) a Francia, Gran Bretaña, Alemania ... y España.

Natalia: Pero ... ¿y si no hay dinero, cómo funciona?

Isabel: Pues es muy sencillo: el beneficiado da un cheque de una hora de tiempo a la persona que le ______________ (8. hacer) el favor y éste lo cobra recibiendo otro servicio.

# Comunicación

5 **8a** La cara y la cruz. **Lea las opiniones en dos foros de la red: «Otro mundo es posible» y «La tecnología cambia nuestras vidas ... ¿a mejor o peor?» ¿De qué foro se trata en cada caso? ¿Es la cara o la cruz del tema?**

1

Las máquinas no hacen que tengamos más tiempo libre, simplemente nos cambian el modo de estar ocupados. En vez de reunirnos con un par de amigos en un bar, hoy podemos entrar en contacto con 50 personas a través del chat o el correo electrónico. Y con eso pasamos mucho tiempo.
*Rafael Gil y otros*

2

Con la globalización el mundo es menos solidario que antes. Una gran parte de la humanidad vive con menos de 1 dólar al día, mientras que mucha gente aquí en Europa se gasta 100 euros cada fin de semana en cena y discoteca. ¡Es una vergüenza!
*Susana Romero y otros*

**8b** **Escriba. ¿Está de acuerdo o en desacuerdo? ¿Por qué?**

9 **9a** ¿Y eso qué será? **Vicente estuvo en coma desde el año 1980 hasta el 2008. Cuando despertó no entendía nada ... Ayúdele a encontrar el nombre de las cosas que no conoce. Utilice las expresiones siguientes según el grado de seguridad:**

Quizás ... / A lo mejor ... – Puede ser ... – Será ... – Probablemente ... – Seguro que ... – Está claro que ...

1. Pista 1: Muchos lo escriben sin puntos, sin comas y sin acentos.
   Pista 2: Es una operación según la cual escribes una cosa en tu ordenador y aparece en el de un señor de Buenos Aires.
   Pista 3: Vicente intentó mandar uno, pero no encontraba la «arroba».

2. Pista 1: Objeto ultrasensible.
   Pista 2: Suele encontrarse cerca del sofá.
   Pista 3: Vicente dice que zapear le tranquiliza mucho.

3. Pista 1: Sirve para proteger pero no se ve.
   Pista 2: La tienen los coches en el volante.
   Pista 3: Vicente dice que no se lo creerá hasta que no se choque.

**9b** **Y ahora siga usted. Escriba dos definiciones de objetos de los últimos años. Dé tres pistas.**

# Lectura y redacción

**10** **Lea este texto de Abel Grau y luego marque verdadero o falso.**

## Internet cambia la forma de leer ... ¿y de pensar?

Internet ya es para muchos el mayor canal de información. Cada vez pasamos más tiempo navegando, ya sea para leer las noticias, revisar el correo, ver vídeos y escuchar música, consultar enciclopedias, mapas, conversar por teléfono o escribir blogs. En definitiva, la Red filtra gran parte de nuestro acceso a la realidad.

El cerebro humano se adapta a cada nuevo cambio e Internet supone uno sin precedentes. ¿Cuál va a ser su influencia?

Los expertos están divididos. Para unos, podría disminuir la capacidad de leer y pensar en profundidad. Para otros, la tecnología se combinará en un futuro próximo con el cerebro para aumentar la capacidad intelectual.

El ensayista estadounidense Nicholas G. Carr, experto en Tecnologías de la Información y la Comunicación (TIC), asegura que ya no piensa como antes. Le sucede sobre todo cuando lee. Antes se sumergía en un libro y era capaz de leer páginas y páginas hora tras hora. Pero ahora sólo aguanta unos párrafos. Se desconcentra, se inquieta y busca otra cosa que hacer. «La lectura profunda que solía suceder de forma natural se ha convertido en un esfuerzo», señala Carr y dice que la razón de su desorientación es el uso prolongado de Internet. Está convencido de que la Red modela el proceso de pensar. «Creo que la mayor amenaza es que puede disminuir nuestra capacidad de concentración, reflexión y contemplación. Lo que perdemos es nuestra capacidad para mantener una línea de pensamiento sostenida durante un periodo largo», añade Carr.

Por otra parte, científicos como Kurzweil dan la bienvenida a esta influencia: «Cuanto más confiamos en la parte no biológica (es decir, las máquinas) de nuestra inteligencia, la parte biológica trabaja menos, pero la combinación total aumenta su inteligencia. Por ejemplo, nos hemos vuelto menos capaces de realizar operaciones aritméticas desde que las calculadoras lo hacen por nosotros hace ya muchas décadas. Ahora confiamos en Google como un amplificador de nuestra memoria, así que de hecho recordamos peor las cosas que sin él.»

Texto adaptado de *El País* – 10/10/2008

| | V | F |
|---|---|---|
| 1. Actualmente, gran parte de la información nos llega a través de Internet. | ☐ | ☐ |
| 2. Los expertos están de acuerdo en cómo va a ser la influencia de Internet en nuestra mente. | ☐ | ☐ |
| 3. Para Carr, Internet tiene una influencia negativa en nuestra forma de pensar, ya que, sobre todo, tenemos problemas de concentración. | ☐ | ☐ |
| 4. Cuando leemos en Internet lo hacemos de una forma muy superficial. | ☐ | ☐ |
| 5. Según Kurzweil, nuestra memoria mejora con el uso de Internet. | ☐ | ☐ |

# 2 LA GENERACIÓN «MILEURISTA»

## Una vez más

### Vocabulario

**1** Tres cosas hay en la vida ... salud, dinero y amor. **Relacione las siguientes palabras con cada una de esas tres cosas.**

ahorrar – dolor – pareja – sano – casarse – médico – sexo – paciente – sida – moneda – tarjeta – euro – amante – precio – enfermedad – caricia – seguro – impuesto – enamorarse – cambiar – mal de amores – novio/-a – cuenta – besar – regatear – pastilla – resfriado

|  |  |  |
|---|---|---|
| | | |
| | | |
| | | |
| | | |
| | | |
| | | |
| | | |
| | | |
| | | |

### Gramática

**2** Te deseo que ... **Complete los deseos con las formas del presente de subjuntivo.**

1. Bueno, Antonio, ¡que ____________ (tener) suerte en la entrevista!
2. ¡Y, por supuesto, que te ____________ ____________ (dar / ellos) el puesto!
3. ¡Y que ____________ (ser) un trabajo interesante!
4. Y tú, Miguel, ¡que lo ____________ (pasar) muy bien en Santander!
5. ¡Que ____________ (hacer) buen tiempo!
6. ¡Y que ____________ (disfrutar) de la naturaleza!

## 3 ¿Infinitivo o subjuntivo? Traduzca.

Quer durch Mexiko: Mexiko mit dem Rotel

1. Im März möchte ich eine Reise durch Mexiko machen.
2. Ich würde gerne mit einem rollenden Hotel durch das ganze Land fahren.
3. Ich werde heute bei dem Veranstalter der Reise „Quer durch Mexiko" anrufen, damit sie mich über alles informieren: Datum, Preis, Programm usw.
4. Um die Reise machen zu können, muss ich aber noch ein bisschen sparen.
5. Ich hoffe, viel vom Land zu sehen und dass mir die Erfahrung, zwei Wochen in einem Rotel zu schlafen, gefällt.

# Comunicación

## 4 ¿Cómo se sienten hoy estas personas? Describa su estado de ánimo y después invente un motivo.

estar enfadado/-a – estar triste – estar harto/-a – estar preocupado/-a – estar contento/-a – estar nervioso/-a

Sergio

Carlos y Rosa

Manuela

Luis

Elena

Mercedes y Andrés

Para el motivo utilice porque ... / Es que ...

1. Sergio ______________________ porque ______________________
2. Carlos y Rosa ______________________. Es que ______________________
3. Manuela ______________________
4. Luis ______________________
5. Elena ______________________
6. Mercedes y Andrés ______________________

# Vocabulario

**5a** 16 ⇨ **Mundo laboral. ¿Cómo se dicen todas estas palabras y expresiones del mundo laboral en español?**

1. Arbeitsplatz
2. Gehalt
3. ein Praktikum machen
4. Arbeitsstelle
5. Arbeitskollegen
6. Arbeitslosigkeit
7. Rente
8. Erfahrung
9. Vertrag
10. verdienen
11. Ausbildung
12. Angestellte

**5b** **Escriba cinco frases con esas palabras. ¡Utilice al menos dos de ellas en cada frase!**

Ejemplo: *Carmen gana en su nuevo puesto de trabajo más que en el que tenía antes.*

10 ⇨ **6a** **De todo corazón. Busque los sentimientos.**

1. e_p_ran_a
2. _r_st_za
3. _e_o_
4. t_l_r_nc_a
5. p_ _a
6. _s_o
7. _o_pre_si_n
8. a_u_ri_ien_o
9. _is_
10. o_i_
11. m_e_o
12. _e_eo
13. v_l_r

**6b** **Y ahora complete con:**

valor – celos – comprensión – risa – mal humor – esperanza – infiel

1. ¡La ________________ es lo último que se pierde!
2. ¿Tú crees que los ________________ son una prueba de amor?
3. Mi marido me es ________________. El otro día le sorprendí con otra.
4. ¡Ese chiste es buenísimo! ¡Qué ________________!
5. No sé qué le pasa a Daniel. Últimamente siempre está de ________________ y se enfada por cualquier cosa.
6. Si la relación no funciona, tienes que tener ________________ para decírselo. Venga, no te desanimes.
7. Lucía, tú sí que me entiendes. Gracias por tu ________________ y tolerancia.

# Gramática

5b ⇨ **7** **Complete con las formas del subjuntivo.**

1. Les recomiendo que ____________ (empezar) la próxima reunión con una ronda de chistes.
2. Y también recomiendo que se le ____________ (dar) un premio a la persona más divertida de la oficina por el buen humor que transmite a sus compañeros.
3. Aconsejo, además, que todos juntos ____________ (cantar) a coro una canción todos los días a la misma hora.
4. En el libro «Alta diversión» se recomienda que cada uno ____________ (traer) fotos de cuando era bebé, y que se ____________ (hacer) una quiniela para adivinar quién es quién.
5. Y un consejo más: que el jefe o la jefa les ____________ (regalar) a los empleados algo original: un vídeo cómico, un cactus hinchable, un bolígrafo musical, una aspirina gigante ...

12 ⇨ **8** **¿Presente o pretérito perfecto de subjuntivo? Tache lo que no corresponda.**

1. Marta: ¡Hola, Manuel!, ¿qué tal? ¿Ya estás bien?
   Manuel: Pues, sí, muy bien, gracias ... ¡Ya estoy totalmente recuperado! ¡Como nuevo!
   Marta: Me alegro mucho de que ya estés / hayas estado bien. Estoy muy contenta de que vuelvas / hayas vuelto, de verdad ...

2. Patricia: Pero, ¿qué te pasa? A ver ... cuéntame.
   Sonia: Pues que con esta crisis han cerrado la tienda y me he quedado sin trabajo, ¿entiendes?
   Patricia: Vaya, qué pena. Siento muchísimo que pierdas / hayas perdido el trabajo ... Espero que pronto encuentres / hayas encontrado otro. No te preocupes ... Por lo menos en tu vida privada te va bien, ¿no?
   Sonia: ¿«Bien» dices? Juan y yo nos llevamos fatal. ¡Quiero que nos separemos / hayamos separado!
   Patricia: Bueno, tranquila ... piénsatelo. Es posible que todavía haya/haya habido solución.

# Comunicación

3 ⇨ **9a** **Markus es un chico alemán que acaba de llegar a España. Ha encontrado trabajo y va a hacer unas prácticas de seis meses.**

**Mire la foto. ¿Dónde cree que ha encontrado trabajo Markus?**

a) en un banco

b) en una editorial

c) en una multinacional

**9b** **Hoy es el primer día de trabajo de Markus. Todo el mundo quiere algo de él. Lea lo que le dicen sus compañeros y la jefa.**

Marta: Markus, ¿me haces unas fotocopias de estos documentos, por favor?

Pablo: Vas a aprender mucho y enseguida te vas a sentir muy bien trabajando aquí.

Jefa: Ahora tienes que organizar una reunión urgente para mañana.

Luis y Alicia: ¿Por qué no preparas café para todos?

Carmen: Ven, te voy a enseñar el edificio y tu lugar de trabajo.

Carolina: Ahora vas a conocer a tus compañeros.

Julia: ¿Comemos juntos en el comedor?

Jefa: Ven a mi despacho a las cuatro, por favor. Quiero hablar contigo.

Pablo: Mira, primero entras en el ordenador e intentas aprender el programa que usamos.

Luis: ¿Puedes mandar esto por fax, por favor?

Jefa: ¿Me traes el informe del señor López?

**9c** **Haga frases. Utilice quiere/n que, espera/n que, exige/n que, propone/n que, aconseja/n que + subjuntivo.**

Ejemplo: Marta quiere que haga unas fotocopias.

10 ⇨ **10** **¿Qué dice en las siguientes situaciones? Marque la respuesta adecuada.**

1. ¡El informe tiene que estar listo esta tarde sin falta!

   a Sí, sí, claro, no se preocupe. b Bueno, ¡basta ya! c Uy, quién sabe ... eso va para largo.

2. ¿A que no sabéis una cosa? ¡Natalia va a tener un bebé!

   a ¡Qué cosas dices! b ¡No me digas! c ¡Sería estupendo!

3. ¿Qué? ¿Os ha gustado el chiste?

   a No, no tiene gusto. b A mí me ha parecido mal. c Yo no le veo la gracia.

# Lectura y redacción

**11** Lea el texto y después marque si las siguientes afirmaciones son verdaderas o falsas. Corrija la información falsa.

## LA GENERACIÓN DE LOS MIL EUROS

En agosto de 2005, Carolina Alguacil, de 27 años y residente en Barcelona, después de pasar unos días en Alemania y comparar cómo vivían sus amigos berlineses y cómo vivían ella y sus amigos españoles, puso nombre a toda una generación de jóvenes españoles a través de una carta a un periódico. Se titulaba: «Soy mileurista» y decía entre otras cosas:

El «mileurista» es aquel joven, de 25 a 34 años, licenciado, bien preparado, que habla idiomas, tiene posgrados, másteres y cursillos. Ha pasado grandes temporadas en trabajos no remunerados, llamados becarios, prácticos, *trainings*, etcétera. Lleva trabajando tres o cuatro años y puede considerarse ya un especialista; lo malo es que no gana más de mil euros y no tiene pagas extras. El mileurista gasta más de un tercio de su sueldo en alquiler, porque le gusta disfrutar de la gran ciudad. Comparte piso con más gente, no ahorra, no tiene coche, no tiene hijos, vive al día. A veces es divertido, pero ya cansa.

El mileurista ha viajado por «Europa» en vuelos baratos. El mileurista ha pagado lo mismo por un café, incluso menos por la comida, que en su ciudad. Pregunta, investiga y allí los alquileres son parecidos, y piensa que España está al nivel europeo. Pero lo malo es que se ríen cuando dice que gana «nine hundred and ninety seven euros».

| | verdadero | falso |
|---|---|---|
| 1. La palabra «mileurista» la inventó una periodista española. | ☐ | ☐ |
| El mileurista ... | | |
| 2. ... es una persona con una buena formación académica. | ☐ | ☐ |
| 3. ... vive todavía en casa de sus padres. | ☐ | ☐ |
| 4. ... gasta más del 50 % de su sueldo en el alquiler. | ☐ | ☐ |
| 5. ... vive el presente, no piensa en el futuro. | ☐ | ☐ |
| 6. ... piensa que es divertido vivir así. | ☐ | ☐ |
| 7. Carolina dice que la situación de los jóvenes en Alemania es parecida. | ☐ | ☐ |

# 3 CONTRATIEMPOS

## Una vez más

### Vocabulario

**1** Lista de viaje. **Clara se está preparando para su viaje de vacaciones. Ayúdele a completar su lista.**

basura – mochila – guía – DNI – equipaje – cuidar – protector solar – zapatillas – seguro médico – recoger – frigorífico

1. Llevar todos los documentos necesarios: el billete, la confirmación de reserva del hotel, el pasaporte, el ____________, las tarjetas de crédito.
2. Llevar algunas medicinas: aspirinas, algo para el dolor de estómago y para las picaduras de mosquitos ... ¡Y un ____________ para tomar el sol!
3. Y no olvidar el ____________, por si me pongo enferma.
4. Dejarle las llaves a la vecina para que pueda ____________ de mi gato y ____________ el correo.
5. Y no puede faltar algo para leer, una buena novela y una ____________ para conocer el país.
6. Llevar calzado cómodo: las botas de montaña y las ____________ de deporte para ir a correr.
7. Y no llevar demasiado ____________: una maleta pequeña, un bolso y una ____________.
8. Dejar el ____________ vacío, tirar la ____________ y cortar el agua y la luz.

### Gramática

**2** ¿Por o para? **Tache la preposición que no sea correcta.**

1. + ¡Hace un día buenísimo! ¿Vamos a dar un paseo por / para el centro?
   – Sí, muy bien. Pero por / para la tarde tengo que estar en casa.
2. + ¡Hola, buenos días! ... Llamo por / para el anuncio. ¿El piso está todavía libre?
   – Sí, sí. Por / Para verlo, puede venir el domingo, si le interesa.
3. + ¿Qué tal tu viaje por / para todo el mundo?
   – ¡Fenomenal! Mira, he traído una cosita por / para ti. A ver si adivinas de dónde.
4. + El artículo tiene que estar terminado por / para el jueves como muy tarde.
   – Por / Para mí, no hay ningún problema. Se lo mandaré por / para correo enseguida.

## Comunicación

**3** **Imagine qué les diría usted a las siguientes personas.**

Yo en ese caso ... – Yo creo que en esa situación ... – Yo en su/tu lugar ... – Yo que usted/tú ...

José María: Hoy tengo una cita a ciegas y no sé si la persona es igual que la de la foto que me ha enviado.

Tania: En el trabajo hay un compañero que siempre me molesta y además habla mal de mí.

Sonia: ¡He ganado 10.000 euros en un concurso de la tele!

Alberto: Le presté 1.000 euros a un amigo hace seis meses y no me los ha devuelto todavía.

Daniel: En Internet he visto en una página de contactos la foto y el anuncio de mi novio.

Patricia: El novio de mi mejor amiga me propone salir una noche los dos solos.

# Vocabulario

9b ⇨ **4** ¡Qué rollo! **Complete los diálogos con la palabra adecuada.**

cancelar – cobrado – robó – ha estropeado – disgusto – cerrajero – conseguiste – la cola

1. + ¿Qué te pasa? ¿Estás de mal humor?
   – Nada, que esta mañana se ________________ otra vez el ascensor. ¡Y yo vivo en el séptimo piso!
2. + Me he dejado las llaves dentro de casa y he tenido que llamar al ________________.
   – Bueno, entonces no pasa nada, ya estás en casa, ¿no?
   + Sí, ¡pero me ha ________________ 130 euros!
3. + ¿Y por fin ________________ las entradas?
   – ¡No me hables de las entradas! Estuve más de una hora esperando en ________________ y justo cuando me tocaba a mí se acabaron.
4. + El sábado por la noche, iba por la calle con una amiga, y de repente pasó un hombre en una moto y me ________________ el bolso.
   – ¡Qué ________________! ¿No?
   + Sí, tuve que llamar enseguida a mi banco para ________________ mis tarjetas de crédito.

12 ⇨ **5** Diccionario. **¿Qué significan las siguientes palabras? Dos de las opciones son correctas y una no. ¿Sabe cuáles son las correctas? Márquelas.**

1. compañía
   - a sociedad de varias personas unidas para un mismo fin
   - b persona o personas que acompañan a otra u otras
   - c tienda de campaña

2. soportar
   - a llevar sobre sí una carga o peso
   - b tolerar
   - c ayudar

3. medida
   - a tamaño
   - b disposición, prevención
   - c medio de comunicación
4. a gusto
   - a condimentar un alimento según se prefiera
   - b en mi opinión
   - c cómodo
5. diario
   - a libro donde se escriben experiencias
   - b lugar donde se guardan las diapositivas
   - c periódico que se publica todos los días
6. enchufe
   - a planta de la que se hace la horchata
   - b dispositivo formado por dos piezas de una conexión eléctrica
   - c tener influencia ante una autoridad para conseguir de ella algún favor
7. rollo
   - a relación amorosa, generalmente pasajera
   - b persona o cosa que resulta aburrida, pesada o fastidiosa
   - c persiana
8. cola
   - a fila de personas que esperan
   - b extremidad posterior del cuerpo y de la columna vertebral de algunos animales
   - c serpiente

# Gramática

4 ⇨ **6** **Armonía familiar. Aquí Carlos nos habla de los pequeños contratiempos familiares. Complete con las formas de los verbos.**

**¡RECUERDA!**
Nach Gefühlsäußerungen wird in der Regel **subjuntivo** benutzt.

1. A mi padre le molesta que mis hermanos y yo ____________________ (poner) la música muy alta.
2. A mi madre le pone de mal humor que mi hermana Eugenia siempre ____________________ (dejar) comida en el plato.
3. Mis padres no quieren que Eugenia ____________________ (volver) muy tarde cuando sale por la noche.
4. Yo no soporto que mi hermano Nacho ____________________ (entrar) en mi habitación y ____________________ (mirar) todo lo que tengo en mis cajones.
5. A Nacho le da mucha rabia que Eugenia siempre ____________________ (tener) mejores notas que él en la facultad.
6. A Eugenia le da rabia que nuestros padres no le ____________________ (pagar) el billete de Interrail para sus vacaciones y ____________________ (tener) que trabajar para poder irse con sus amigas.

7. A mis padres no les gusta que mis amigos ____________________ (llamar) por teléfono después de las diez de la noche.
8. A mi madre le pone de mal humor que mi padre y ella nunca ____________________ (salir) por ahí solos al cine o a cenar.
9. Mi padre no quiere que yo ____________________ (coger) su coche sin pedirle permiso.
10. A Nacho le fastidia que ____________________ (ser) siempre él el que tiene que sacar al perro.
11. A mi madre le molesta que Nacho ____________________ (salir) con una chica mayor que él.

5c ⇨ **7** **Crisis, ¿qué crisis? Medidas para salir de la crisis. Complete con el subjuntivo.**

1. Es fundamental que todos los países ____________________ (tomar) medidas juntos para hacer frente a la crisis.
2. Es muy importante que los bancos ____________________ (proteger) los ahorros de los ciudadanos.
3. Es imprescindible que la gente ____________________ (recuperar) la confianza en la economía.
4. Es necesario que los precios no ____________________ (subir) más.
5. Es absolutamente necesario que ____________________ (haber) más empleo y que ____________________ (bajar) la tasa de paro.

# Comunicación

**8** 9b ⇨ **¿Qué sentimiento le produce lo que hacen otras personas? Escriba frases combinando elementos de las tres columnas.**

**1**
(no) gustarme
encantarme
(no) importarme
darme igual
molestar
dar rabia
poner de buen/mal humor

**2**
mi novio/-a
mi marido/mujer
los niños
los vecinos
mi amigo/-a ...
los políticos
mi padre/madre
mi suegro/-a
mis compañeros
el jefe / la jefa
la gente
...

**3**
no escuchar cuando le cuento algo importante
llevar el desayuno a la cama los domingos
llamar al trabajo
preferir ver un partido de fútbol a ir de compras
ponerse celoso/-a cuando hablo con sus amigos/-as
comer palomitas en el cine
hacer ruido a todas horas
haber anuncios más de un cuarto de hora cuando hay una peli interesante
no haber aparcamiento en ningún sitio y tardar una hora en encontrar un sitio para dejar el coche

**9** 12 ⇨

¡Contratiempos ... con el tiempo! A veces el tiempo ¡es un contratiempo! Mire los dibujos y escriba en su cuaderno qué les ha pasado a estas personas.

1 ¡Vamos a esquiar!

2 ¡Se nos aguó la fiesta!

3 ¡Cómo pega el sol!

4 ¡Que se vuela!

# Lectura y redacción

9b ⇨ **10a ¿Es usted un compañero de trabajo bueno o malo? Lea el texto de Borja Vilaseca.**

Once millones de españoles sufren mal clima laboral. Para transformarlo cada persona debe resolver sus conflictos interiores.
Según el Estudio Cisneros 2006, de la Universidad de Alcalá de Henares, entre otras fuentes de tensión y preocupación laboral, el 55,7 % de los profesionales (más de 11 millones de españoles) señala como uno de los principales factores «el mal ambiente que se respira entre compañeros». Le siguen «la falta de comunicación en el trabajo» (51,5 %); «la falta de apoyo por parte de los compañeros» (45,1 %) y «las envidias y rivalidades que se dan entre los miembros de un mismo equipo[1]», que afecta al 39,4 % de los empleados.
El conflicto suele estar presente en la vida de cualquier trabajador debido a la hipervelocidad, el estrés y el cansancio generalizado, apunta el *coach* Vicenç Olivé, codirector del Instituto Gestalt. La manera en la que actuamos con nuestros

compañeros de trabajo dice mucho acerca de una relación mucho más profunda y que es la causante de todos y cada uno de estos conflictos laborales: la relación que tenemos con nosotros mismos. En realidad, no vemos a los demás como son, sino como somos nosotros.
Es decir, que cuando nos molesta que no nos reconozcan nuestros méritos[2], a menudo significa que carecemos de autoestima[3]. O cuando nos quejamos de que los demás son muy críticos con nuestro trabajo, seguramente sea porque somos muy exigentes con nosotros mismos. De ahí que en vez de señalar a los demás como los responsables de nuestros problemas, debemos mirar en nuestro interior para encontrar la solución que andamos buscando.
¿Qué es lo que realmente puede hacer usted para cambiar su relación con sus compañeros de trabajo? Cambiarse a sí mismo. Para conseguirlo, es necesario ser consciente[4] de cuál es nuestro estado de ánimo cada vez que actuamos, explica el *coach* Enrique Simó, experto en inteligencia emocional[5] y desarrollo personal. También es importante comprender que todo el mundo lo hace lo mejor que puede, igual que tú mismo lo haces lo mejor que puedes. De ahí que si quieres que los demás te acepten tal como eres, lo mejor que puedes hacer es empezar por aceptar a los demás tal como son. Y termina: «Cuando emites[6] malestar o negatividad, al primero al que envenenas es a ti mismo».

Texto adaptado de *El País* – 15/06/2008

1 el equipo *Team*
2 el mérito *Verdienst*
3 la autoestima *Selbstwertgefühl*
4 ser consciente *bewusst sein*
5 inteligencia emocional *emotionale Intelligenz*
6 emitir *ausstrahlen*

**10b Ahora lea otra vez y busque las frases en las que se dice lo siguiente:**

1. El mal clima laboral afecta a muchos españoles.
2. La relación con los compañeros de trabajo refleja la imagen que tenemos de nosotros mismos.
3. Los demás no son responsables de nuestros problemas para relacionarnos.
4. Para mejorar la relación con los compañeros es bueno conocerse a sí mismo.
5. Hay que aceptar a las personas como son.

# 4 SALUD Y BELLEZA

## Una vez más

### Vocabulario

**1** ¿Estás seguro, Peter? Corrija si es necesario.

### Gramática

**2** Rellene la tabla.

| infinitivo | gerundio | imperativo afirmativo tú | imperativo afirmativo usted |
|---|---|---|---|
| tragar | | | |
| comer | | | |
| leer | | | |
| decir | | | |
| ir | | | |
| poner | | | |
| seguir | | | |
| oír | | | |
| dormir | | | |
| conducir | | | |
| salir | | | |

# Vocabulario

3 ⇨ **3** **Complete con la palabra que corresponda.**

cualificados – masaje – apuntado – sauna – belleza – cabina – fisioterapia – formación – sedentaria – monasterios

1. La ____________ es muy importante para algunas personas.
2. Contra el dolor de espalda no hay nada como un buen ____________.
3. Los ____________ están generalmente situados en lugares pintorescos.
4. Hoy en día una buena ____________ es imprescindible para conseguir un buen puesto.
5. En invierno voy una vez por semana a la ____________. Es muy saludable.
6. Se buscan trabajadores ____________ para este trabajo.
7. No tengo móvil y estoy buscando una ____________ desde hace media hora y no encuentro ninguna. ¡Qué horror!
8. Desde que tuvo el accidente tiene que ir dos veces por semana a ____________.
9. Juan no sale nunca. Del trabajo va a casa y de casa al trabajo. Lleva una vida muy ____________.
10. Me he ____________ a un curso de yoga los martes por la tarde.

# Gramática

**¡RECUERDA!**
Die Pronomen werden an den Infinitiv und den bejahten Imperativ angehängt.

14 ⇨ **4** **Haga frases en imperativo (vosotros) según el modelo.**

| | | |
|---|---|---|
| 1. Estirar los brazos. | Estirad los brazos. | No estiréis los brazos. |
| 2. Hacer el ejercicio. | ____________ | No ____________ |
| 3. Levantarse pronto. | ____________ | ____________ |
| 4. Llevar una vida sana. | ____________ | ____________ |
| 5. Sentarse en el suelo. | ____________ | ____________ |
| 6. Salir a dar un paseo. | ____________ | ____________ |
| 7. Acostarse depués de las noticias. | ____________ | ____________ |
| 8. Repetir el ejercicio. | ____________ | ____________ |
| 9. Apuntarse al curso de taichí. | ____________ | ____________ |

14 ⇨ **5** **A Marco se le ha caído el café encima del papel. Ayúdele y complete con los pronombres que faltan.**

1. Araceli, cómpra___ a María un pastel. Cómpra___ ___ de chocolate.
2. La bici ___ ___ he dejado a Mario para que haga deporte.
3. El Monasterio de Piedra ___ ___ (a ti) recomendó Pilar, ¿verdad?
4. ¿Qué tal las vacaciones? Ven, Carmen, siénta___ y cuénta___ (a nosotros) todo.
5. Tenemos una casa propia cerca del mar. ___ ___ compramos hace tres meses. Ahora ___ ___ hemos alquilado a unos vecinos.
6. La campaña contra la droga ___ dirige Lola Fuentes.
7. Ayer ___ dije a mis padres que nos íbamos a vivir a Guatemala.
8. ¿El disco ___ ___ (a ti) ha regalado una amiga de la universidad? Enséña___ ___ (a mí).

8 ⇨ **6** **Traduzca utilizando las perífrasis verbales seguir, llevar, estar + gerundio.**

**¡RECUERDA!**
Die Verben seguir, llevar und estar können in allen Zeitformen stehen.

1. Marina macht weiterhin Wassersport.

_______________________________________________

2. Seit fünf Jahren ist Miguel sesshaft.

_______________________________________________

3. Seit zwei Monaten arbeitet meine Mutter beim Gesundheitsamt.

_______________________________________________

4. Ich war gerade in der Sauna, als mich Lidia anrief.

_______________________________________________

5. Seit einem Monat gehe ich zum Yoga.

_______________________________________________

6. Gestern habe ich Juan um 22 Uhr angerufen, aber er hat nicht abgehoben. Vielleicht hat er schon geschlafen.

_______________________________________________

8 ⇨ **7** **Complete con las perífrasis que sean convenientes.**

dejar – seguir – empezar – tener – estar – llevar – volver – hay

Mail Archivo Edición Listado Buzón Mensaje Formato Ventana Ayuda

Mensaje nuevo

Enviar Dirección Adjuntar Tipo de letra Borrador Imprimir

Para:

Asunto:

¡Hola, Elena! ¿Qué tal estás?

Yo muy bien. He ____________ de fumar hace dos meses y me siento genial. La ropa no huele a tabaco y parece que hasta respiro mejor. Lo peor son los pasteles y los dulces. ____________ todo el día comiendo y ____________ a verme gordísima.

¡Nada! He decidido que ____________ que hacer algo y por eso he ____________ a ir al gimnasio al que íbamos los lunes juntas. ____________ que adelgazar por lo menos cinco kilos. ¿No te apetece acompañarme? Nos lo pasábamos siempre tan bien ...

Y tú, ¿qué haces? ¿ ____________ trabajando en el centro?

____________ mucho tiempo intentando llamarte y nunca te localizo. ¿Qué te parece si tomamos un día de estos unas tapitas después del trabajo?

Bueno, espero verte pronto. Un beso,

Carmen

# Comunicación

13 ⇨ **8** **Relacione.**

1. ¿Me dejas el boli?
2. ¡Niños! Esa botella está sucia.
3. Os escribiremos una postal desde Cuba.
4. ¿Le compro a Felipe el CD que nos pidió?
5. En Cuzco se vende té de coca.
6. Me paso el día sentada en la oficina.
7. A Maribel y a Ana les encanta el grupo.
8. Vamos a empezar la clase.

a) ¡No la cojáis!
b) ¡Oh, sí! Mandadnos una.
c) No, no se lo compres.
d) Probadlo, es bueno para el dolor de estómago.
e) Pues vete al gimnasio. Te hará bien.
f) Regaladles entradas para el concierto.
g) Sentaos, por favor.
h) Sí, tómalo.

# Lectura y redacción

**9a** Lea el artículo de Rafael Pérez y subraye la información que le parezca más importante.

## MIL NIÑOS DIABÉTICOS MÁS CADA AÑO

### LOS CASOS DEL TIPO 1 DE LA ENFERMEDAD HAN CRECIDO EN UN 4 % EN CINCO AÑOS

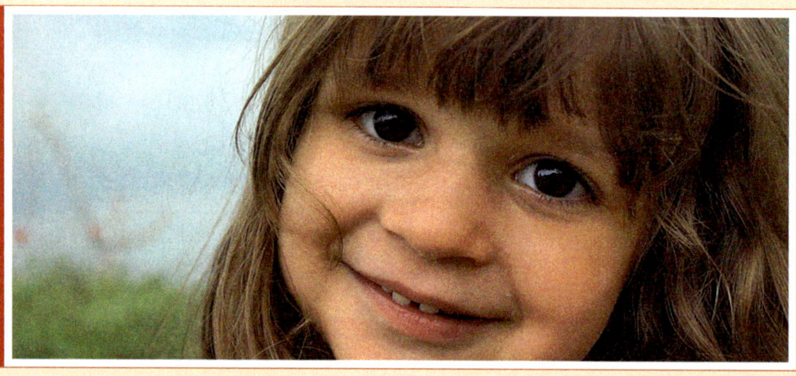

Cada año hay en España más de 1.000 nuevos niños con diabetes tipo 1, una enfermedad que precisa tratamiento diario y que cambia la vida de las familias. En España la diabetes infantil ha aumentado casi en un 4 % en los últimos cinco años: podría haber cerca de 30.000 niños y adolescentes menores de 15 años diagnosticados. Dicho aumento se observa especialmente en los menores de cinco años, «edad en la que resulta muy complicado reconocer los síntomas».
Los expertos advierten que la situación es aún peor porque hay muchas personas con diabetes tipo 1 sin diagnosticar y porque también se está produciendo un aumento de la diabetes tipo 2 en niños, debido a la obesidad y al sedentarismo, «algo que hasta hace poco no habíamos observado en España», dice Ricardo García Mayor, presidente de la Federación Española de Diabetes.
De momento se desconocen las verdaderas causas de dicho aumento. Se sospecha de muchos factores, como el sobrepeso, el retraso en la edad de maternidad y el sedentarismo, pero no hay todavía una imagen completa.
Para evitar complicaciones es muy importante un diagnóstico precoz. Los síntomas que indican que un niño pueda tener diabetes tipo 1 son: pérdida de peso injustificada, sed, ganas de orinar frecuentes y cansancio.
Los pilares en el control de la diabetes son, además del tratamiento con insulina, la dieta, el ejercicio físico [...].
Un reciente estudio de la Fundación para la Diabetes realizado en 13 centros de Madrid confirma que un gran problema que plantea la diabetes es la integración del niño a la escuela: el 25 % de los padres tuvo algún problema al informar de que su hijo era diabético, el 12 % tuvo que cambiar de centro y en el 6 % de los casos el niño fue rechazado. El motivo parece ser que muchos educadores desconocen cómo actuar ante una bajada o subida de azúcar. Para evitar estas situaciones en algunas comunidades se han firmado acuerdos para que profesionales sanitarios atiendan a estos niños en la escuela.

Texto adaptado de *El País* – 18/11/2008

**9b** **Responda.**

1. ¿Cuánto ha crecido la diabetes infantil tipo 1 en los 4 últimos años?
2. ¿A qué edades se está produciendo un gran aumento?
3. ¿Cuáles pueden ser las causas del aumento?
4. ¿Cuáles son los síntomas?
5. ¿Qué es importante a la hora de controlar la diabetes?
6. ¿Qué medidas se han tomado para evitar que los niños sean rechazados en las escuelas?

# 5 COMPAÑEROS DE PLANETA

## Una vez más

### Vocabulario

**1** **¿Qué animales son?**

1. prreo ________________
2. gtao ________________
3. róatn ________________
4. callbao ________________
5. trgie ________________
6. llopo ________________
7. sólman ________________
8. mudesa ________________
9. lboo ________________
10. plupo ________________

### Gramática

**2** **Complete la tabla con el presente de indicativo y subjuntivo.**

| | confundir | | salir | | conseguir | |
|---|---|---|---|---|---|---|
| | indicativo | subjuntivo | indicativo | subjuntivo | indicativo | subjuntivo |
| yo | | | | | | |
| tú | | | | | | |
| él/ella/Ud. | | | | | | |
| nosotros/-as | | | | | | |
| vosotros/-as | | | | | | |
| ellos/-as/Uds. | | | | | | |

| | resolver | | escoger | | poner | |
|---|---|---|---|---|---|---|
| | indicativo | subjuntivo | indicativo | subjuntivo | indicativo | subjuntivo |
| yo | | | | | | |
| tú | | | | | | |
| él/ella/Ud. | | | | | | |
| nosotros/-as | | | | | | |
| vosotros/-as | | | | | | |
| ellos/-as/Uds. | | | | | | |

**3** **Complete con infinitivo o subjuntivo (presente o perfecto) según sea necesario.**

1. Espero ____________ (conseguir / yo) el puesto en el zoo, pues es ideal para mí.
2. Ojalá ____________ (llegar / ella) bien a casa.
3. Me alegro de que ____________ (aprobar / tú) el examen final de ayer.
4. Me molesta ____________ (tener / yo) que llamarlo para aclarar esta cuestión.
5. Llueve mucho. Espero que mi hijo ____________ (cerrar) bien las ventanas esta mañana.
6. Siento mucho no ____________ (poder / yo) acompañaros a la estación.
7. No es posible que María ____________ (olvidar) que ayer fue tu cumpleaños.
8. Mario propone que ____________ (ir / nosotros) juntos a la fiesta.
9. El jefe exige que el equipo ____________ (trabajar) eficazmente.
10. Si estáis en diciembre en Austria os aconsejo que ____________ (ir) a esquiar.

**4** **Complete la tabla con las expresiones del recuadro.**

es verdad que – es importante que – está mal que – está claro que – es cierto que – es imposible que – es conveniente que – prefiero que – me preocupa que – me encanta que – lamento que – creo que – es extraño que – deseo que

| indicativo | subjuntivo |
| --- | --- |
| | |

# Vocabulario

3 ⇨ **5** **¿Qué catorce animales se esconden en la espiral?**

ksdafhcocodrilodkjfwgfvgáguilaoksjdhellamalsdkfjoiwepingüinolsadzorroksadfurserpienteloeleónpjzorangutánoeuvacaloscabraunfovejaiukcerdopjdburrovjugalloosjz

3 ⇨ **6** **¿Qué animales asocia con las siguientes palabras?**

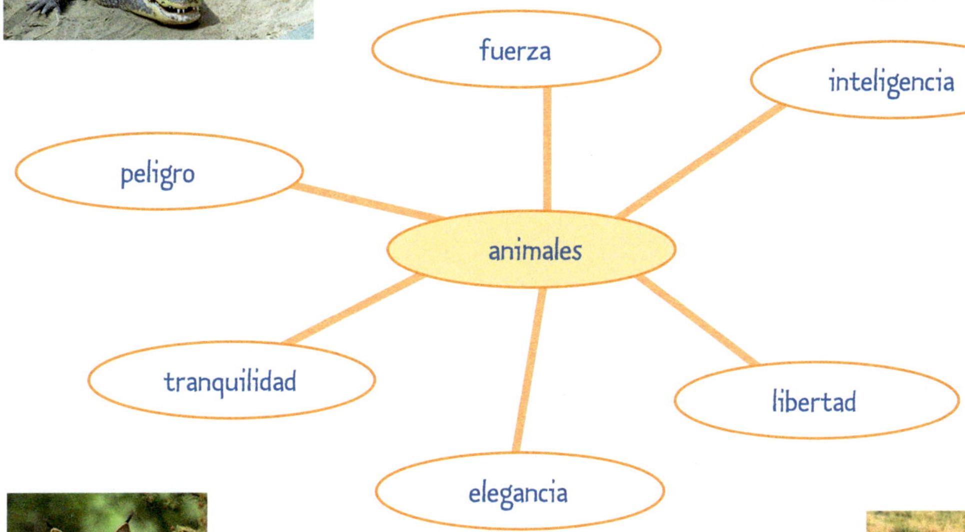

12 ⇨ **7** **Escriba los contrarios.**

1. salvaje ____________
2. mejor ____________
3. lento ____________
4. fiel ____________
5. amigo ____________
6. tonto ____________

12 ⇨ **8** **Escriba sinónimos.**

1. a menudo ____________
2. de pronto ____________
3. de vez en cuando ____________
4. ¡Qué lástima! ¡Qué ____________!
5. tal vez ____________
6. el ordenador la ____________
7. el piso la ____________
8. el coche el ____________

1 ⇨ **9** **¿Qué significan las siguientes siglas?**

ARCA ____________

ONG ____________

ONU ____________

UE ____________

# Gramática

9 ⇨ **10** **¿Indicativo o subjuntivo?**

1. Aunque en el zoo ya ____________________ (trabajar) muchos voluntarios, se necesita todavía más personal cualificado.
2. Creo que no acabaré el informe aunque ____________________ (trabajar / yo) todo el fin de semana.
3. Aunque ____________________ (trabajar / yo) todo el fin de semana no acabé el informe.
4. Muchos perros están solos en casa, aunque ____________________ (necesitar) compañía.
5. Aunque el objetivo de los zoos ____________________ (ser) educativo, no es justo que los animales no ____________________ (poderse) mover en libertad.
6. Aunque ahora ____________________ (hacer) frío, voy a salir a dar un paseo con mi perro.

12 ⇨ **11** **Elija el modo y tiempo correctos.**

1. Creo que Juan tocará / toque la serpiente. No le tiene miedo a nada.
2. Quizás voy / vaya a la joyería esta tarde, pero no estoy seguro porque tengo mucho trabajo.
3. No estoy seguro de que los lobos son / sean tan peligrosos como dicen.
4. Aunque me gusta / me guste este anillo no lo voy a comprar.
5. No creo que Patricia prueba / pruebe la carne de cerdo.
6. Me parece que los animales necesitan / necesiten su hábitat natural.
7. Estoy segura de que los niños prefieren / prefieran ver a los animales en los parques naturales.
8. A lo mejor Alicia viaja / viaje a Indonesia para ver al orangután. Es / Sea su animal preferido.
9. No pienso que viajar a los parques naturales es / sea tan complicado.
10. Aunque Sara compre / compra un perro, no tendrá tiempo para sacarlo de paseo.

**12** **Traduzca utilizando ser o estar.**
12 ⇨

1. Was für einen Tag haben wir heute?
2. Um wie viel Uhr ist die Versammlung?
3. Die Galapagosinseln sind ideal für diejenigen, die beobachten möchten, wie die Tiere in ihrem natürlichen Umfeld leben.
4. Welche spanische Region hat als Symbol einen Esel?
5. In welchem Stockwerk ist das Büro des Chefs?
6. Hunde sind nicht gerne alleine zu Hause.
7. Wo befindet sich der Naturpark, der dir so gut gefallen hat?
8. Der Luchs gehört zu den vom Aussterben bedrohten Tieren.

# Comunicación

14 ⇨ **13** **Combine las dos columnas.**

| | |
|---|---|
| 1. lince | a) ballenas |
| 2. oso | b) de extinción |
| 3. lobos | c) de piratas |
| 4. corrientes | d) genético |
| 5. selección | e) ibérico |
| 6. peligro | f) la tierra |
| 7. calentamiento de | g) marinas |
| 8. material | h) marinos |
| 9. atención | i) natural |
| 10. ambiente | j) óptimo |
| 11. refugio | k) polar |
| 12. cazadores de | l) veterinaria |

**14** **Responda.**
13 ⇨

1. ¿Qué animal da lana?
2. ¿Cómo se llama la cultura que ha comenzado a criar vacas, cerdos, gallinas, etc. y a utilizarlos como alimento?
3. ¿Qué alimento exporta principalmente Argentina?
4. ¿Cómo se llaman los animales que viven en casa y son como parte de la familia?
5. ¿Qué es una mascota?
6. ¿Con qué animal hacía Osborne publicidad y pasó a ser símbolo de España?
7. ¿Qué animal vive en regiones cálidas y es uno de los supervivientes de la época de los dinosaurios?
8. ¿Cuál es el enemigo natural del mono?

# Lectura y redacción

**15** Lea la noticia y marque verdadero o falso.

**El Mediterráneo con más especies de tiburones[1] en peligro de extinción.**

IBIZA. – El técnico especialista de la Dirección General de Pesca, Biel Morell, asegura que el Mediterráneo es «el peor escenario para los tiburones» ya que es el enclave mundial donde hay más especies en peligro de extinción debido a la tradición pesquera en estas aguas. Morell destaca que los tiburones crecen «muy poco a poco» y los efectos de su pesca son mayores que sobre otras especies.

En cuanto a la situación concreta de Baleares, comenta que las especies más ligadas a los fondos marinos se encuentran en mejor estado que en otros enclaves como Valencia o Cataluña, porque «son zonas con mayor explotación pesquera».

Morell ha hecho estas declaraciones tras participar en el XII Congreso de Elasmobranquios celebrado recientemente en Lisboa, un encuentro anual en el que se ponen de manifiesto los estudios respecto a estos animales en el ámbito[2] europeo.

Morell ha asegurado que, aunque España es el país de la Unión Europea que efectúa un mayor volumen de pesca de estas especies, «hay poca investigación».

Morell explica que los técnicos de la Dirección General de Pesca iniciaron en el año 2000 una línea de investigación. Esta investigación aún no ha ofrecido resultados porque ha pasado poco tiempo y la especie tiene una tasa de recuperación muy lenta.

En este sentido la Conselleria prevé efectuar[3] otros estudios para evaluar las estadísticas de pesca de Baleares y ver la tendencia de las especies de tiburones. La pesca del tiburón fue uno de los temas de la Comisión Internacional para la Conservación del atún[4] atlántico (ICCAT), celebrada durante los días 17 y 18 de noviembre en Marrakech, ya que «la reducción de atún rojo influye en el tiburón porque es su fuente de alimentación».

Texto adaptado. *El Mundo* 23/11/2008

1 el tiburón *Haifisch*
2 el ámbito *Gebiet*
3 efectuar *ausführen*
4 el atún *Thunfisch*

| | verdadero | falso |
|---|---|---|
| 1. El Mediterráneo es el único lugar donde el tiburón no está en peligro de extinción. | ☐ | ☐ |
| 2. En las Islas Baleares la situación es mejor que en Valencia o Cataluña. | ☐ | ☐ |
| 3. Los efectos de la pesca son mayores en los tiburones porque crecen poco a poco. | ☐ | ☐ |
| 4. La reducción de atún rojo no influye en el tiburón. | ☐ | ☐ |
| 5. España es el país de la UE que más tiburones pesca. | ☐ | ☐ |

# 6 NATURALEZA EN PELIGRO

## Una vez más

### Vocabulario

**1** Escriba los nombres de los siguientes lugares.

### Gramática

**2** Complete.

1. Es verdad que Equanimal ________________ (ser) una ONG protectora de animales.
2. No es verdad que el parque zoológico de Barcelona ________________ (ser) más bonito que éste.
3. Tal vez con programas especiales se ________________ (poder) salvar a muchas especies.
4. No creo que en muchos lugares se ________________ (utilizar) fármacos para reducir enfermedades y el nivel de estrés de los animales.
5. Aunque ________________ (llegar) tarde al trabajo te acompaño a la protesta.
6. Es importante que tu hijo ________________ (tener) contacto con los animales.
7. Después de las vacaciones es conveniente que ________________ (enviar / tú) tu currículum a Equanimal.
8. Ojalá ________________ (venir) hoy Felipe.

# Vocabulario

2b ⇨ **3** **Busque siete catástrofes naturales.**

| | | | | | | | | | | |
|---|---|---|---|---|---|---|---|---|---|---|
| a | d | t | u | o | o | p | p | p | b | g |
| c | t | e | r | r | e | m | o | t | o | r |
| i | l | a | ö | m | g | d | s | z | i | a |
| t | c | l | e | r | j | k | i | n | v | n |
| t | h | u | r | a | c | á | n | o | o | i |
| o | i | d | a | i | u | c | c | b | a | z |
| u | i | k | t | o | r | m | e | n | t | a |
| a | f | z | u | o | ö | p | n | b | e | d |
| u | y | i | u | j | b | m | d | n | m | a |
| i | n | u | n | d | a | c | i | ó | n | i |
| u | i | i | p | h | f | s | o | j | l | l |
| o | y | h | j | k | l | p | z | r | w | s |

3b ⇨ **4** **Combine.**

1. ponerse
2. levantarse
3. atravesar
4. destruir
5. tumbar
6. causar

a) el tornado la isla
b) coches y autobuses
c) casas
d) miles de heridos
e) negro el cielo
f) el viento

# Gramática

8 ⇨ **5** **Complete con antes, antes de, antes de que, después, después de o después de que.**

1. ______________ Douglas Tompkins era propietario de la empresa Esprit.
2. Se enamoró de la región ______________ hacer montañismo aquí en 1991.
3. ______________ hacer montañismo no conocía esta región.
4. ______________ estas vacaciones decidió vender la empresa.
5. ______________ se fue a vivir a Chile y compró la finca Reñihué.
6. ______________ Douglas Tompkins comprara la tierra Pumalín no era un parque.
7. ______________ vivían indios y campesinos en esta zona.
8. ______________ comprar las tierras prohibió el cultivo y la pesca en Pumalín.
9. ______________ fueran expulsados los campesinos no había ecoturismo.

8 ⮡ **6** **¿Indicativo o subjuntivo? Subraye la forma correcta.**

1. Te avisé tan pronto como me enteré / entere de la noticia.
2. Mientras los campesinos luchen / luchaban por el proyecto habrá esperanza.
3. Hasta que no prohiben / prohiban el proyecto no pararán.
4. Tan pronto como destruyan / destruyeron los glaciares de Pascua Lama explotarán el oro.
5. Cuando explotan / exploten el oro se contaminarán los ríos.
6. Después de que destruyan / destruyeron los glaciares faltará el agua.
7. Mientras los campesinos luchen / luchaban por el proyecto había esperanza.
8. Cuando se lucha / luche se consigue algo.

8 ⮡ **7** **Traduzca.**

1. Immer wenn ich in die Natur fahre, entspanne ich mich.
2. Wenn ich nach Peru fliege, werde ich Machu Picchu besichtigen.
3. Ich war dort in Urlaub, als die Katastrophe passierte.
4. Während Maria die Stadt besichtigte, bin ich gewandert.
5. Solange es noch regnet, wird man die Schäden nicht abschätzen können.
6. Wenn wir in den Urlaub fahren, versuchen wir Ökotourismus zu betreiben.
7. Als er in Bolivien lebte, hat er in einer Mine gearbeitet.
8. Immer wenn ich meine Schwester in Bilbao besuche, regnet es.
9. Solange ich hier lebe, werde ich nicht zulassen, dass Müll in die Natur geworfen wird.

> **¡RECUERDA!**
> Cuando und mientras können mit indicativo oder subjuntivo benutzt werden.

# Comunicación

13b ⮡ **8a** **¿Qué ha pasado? Ponga el nombre de la catástrofe debajo de cada foto y explique con sus palabras.**

1

______________________

2

______________________

3

______________________

**8b** Ahora relacione los textos con las fotos.

a

¡Hola, Sara!
El peligro ya ha pasado y todos estamos bien. El piso de abajo ha quedado bajo agua y hemos tenido que renovarlo por completo. La mayoría de los muebles los hemos tenido que tirar pues estaban destrozados.
Pero lo más importante es que todos estamos bien y no nos ha pasado nada. O sea que no te preocupes. Un abrazo, Lola

c

¡Hola, Pedro!
¡No sabes cuánto me alegró recibir noticias tuyas! Las imágenes que vimos eran horrorosas. Decían que se había quemado todo hasta pocos metros antes del pueblo. ¡Una suerte que no os haya pasado nada! Un abrazo, Pablo

# Lectura y redacción

**9a** Lea el artículo y subraye las informaciones que le parezcan más importantes.

## ¿Preparados para prescindir de las bolsas de plástico?

«Tardan cientos de años en desaparecer, contribuyen[1] a la muerte de miles de animales, contaminan los océanos», son mensajes sobre las bolsas de plástico. Desde hace años se intenta que el cliente piense dos veces antes de decir: «¿Me das más bolsas?» El objetivo es que las bolsas de un solo uso se sustituyan progresivamente por las biodegradables[2] o las reutilizables[3]. Sin embargo, ante el reducido efecto de las campañas de concienciación[4], algunos han tomado medidas como la prohibición – San Francisco, China o Singapur – o el cobro de un impuesto por bolsa – Irlanda.

En España el Gobierno intenta aprobar un Plan Nacional Integral de Residuos, según el cual las bolsas de plástico de un solo uso se tendrían que reducir a la mitad a finales de 2009 y habría una prohibición progresiva a partir de 2010. Pero, ¿estamos preparados para prescindir de las bolsas de plástico en tan sólo dos años? ¿Dejaremos de usar en ese tiempo las 238 bolsas de media que cada uno utiliza al año?

**Los ecologistas.** Leticia Baselga, responsable de Residuos de Ecologistas en Acción, opina que «Si no hay una norma, se van a seguir usando bolsas de plástico porque son gratis. La gente no es consciente[5] del valor y del daño que causan».

**Los comercios.** «Rotundamente no», asegura Ignacio García, director general de la Asociación Española de Distribuidores, Autoservicios y Supermercados (Asedas). «El plan no es realista porque no existe una alternativa para 2010». Asedas ha elaborado un informe en el que analiza los inconvenientes de cada opción. Según ellos, la bolsa biodegradable encarecería la cesta de la compra[6], ya que su fabricación cuesta casi cuatro veces más. Además, subiría el precio de la materia prima de la que se componga[7]. Por otra parte con las reutilizables, aumentarían las bolsas de basura pues en la actualidad, más de la mitad de las bolsas de la compra se reutilizan como bolsa de basura.

**Los consumidores.** El asombro de los clientes cuando la periodista compra dos de las nuevas bolsas muestra la falta de familiaridad con los nuevos productos. «Pero, ¿aquí no dan bolsas?», dice una joven. «Cogeré la bolsa que den gratis, claro.» «Si tengo ésta gratis, ¿para qué voy a comprar la otra?», reconoce una mujer de mediana edad.

En poco más de un mes, un centro de una de estas grandes superficies ha vendido poco más de 600 bolsas biodegradables, una cifra minúscula en relación con las cerca de 7.000 bolsas que entregan cada día.

**Los fabricantes de bolsas.** «Están muy preocupados», asegura Enrique Gallego, director de la Asociación Española de Industrias Plásticas (Anaip), un sector que da trabajo a más de 100.000 personas en España y que representa el 8 % de las ventas de productos industriales. Su director lamenta que muchas de las fábricas están limitadas a sus maquinarias y no siempre se pueden amoldar a una bolsa nueva.

Gallego no cree que hasta 2009 se reduzcan a la mitad pues tanto fabricantes, distribuidores como consumidores necesitan un proceso de adaptación.»

La organización propone un tipo de bolsa reutilizable con certificado AENOR. Se trata de una bolsa pensada para 15 usos, que después sirva para el cubo de la basura y, finalmente, termine en el contenedor amarillo.

La producción de bolsas de plástico se ha reducido desde hace unos años por la importación de países como Malasia o Tailandia.

Ante este panorama, hace poco más de dos años, Alfonso Biel, director de la fábrica líder en España de bolsas biodegradables reaccionó. Su fábrica de Utebo (Zaragoza) combina la producción de bolsas de plástico tradicional junto con biodegradables, a la que sólo ve ventajas. Su bolsa, mitad plástico degradable, mitad elaborada a base de fécula de patata, la vende sobre todo al norte de Europa, en países como Dinamarca o Suecia. «¿En España?, aquí funcionamos a base de leyes y mientras que no nos obliguen no hacemos nada.» A pesar de la crítica, reconoce que se siente satisfecho de que, en poco más de un año, cerca del 10 % de sus ventas se quede en España con clientes como Alcampo o Carrefour.

1 contribuir *beitragen*
2 biodegradable *biologisch abbaubar*
3 reutilizable *wiederverwendbar*
4 campaña de concienciación *Aufklärungskampagne*
5 consciente *bewusst*
6 cesta de la compra *Einkaufskorb*
7 materia prima de la que se componga *Rohstoff, aus dem es besteht*

**9b** Responda.

1. ¿Cuáles son los motivos por los que se quiere prescindir de las bolsas de plástico?
2. ¿Qué medidas se han tomado en China, San Francisco o Singapur? ¿Y en Irlanda?
3. ¿Cuál es la media de bolsas que utilizamos al año por persona?
4. ¿Qué problemas traería la bolsa biodegradable según los comercios?
5. ¿Qué problemas causaría la prohibición de las bolsas de plástico desde el punto de vista de los fabricantes?
6. ¿Qué soluciones propone la Asociación Española de Industrias Plásticas (Anaip)?
7. ¿Cómo es la situación general de la industria productora de bolsas de plástico?

# 7 ¿NOS ENTENDEMOS?

## Una vez más

### Vocabulario

**1** **Escriba los gentilicios.**

1. La salsa es música (del Caribe) ______________________.
2. El alemán, el italiano y el francés son idiomas (de Europa) ______________________.
3. Bush y Obama son los dos últimos presidentes (de EE.UU.) ______________________.
4. El tequila es una bebida (de México) ______________________.
5. El Porto es un vino (de Portugal) ______________________.
6. «Las uvas de la suerte» y «los Reyes Magos» son dos costumbres (de España) ______________________.
7. A. Merkel y J. Trittin son dos políticos (de Alemania) ______________________.

### Gramática

**2** **Relacione elementos de las cuatro columnas y haga frases.**

Ejemplo: Nuria – interesarse mucho – por – la familia y los amigos
Nuria se interesa mucho por la familia y los amigos.

| | | | |
|---|---|---|---|
| 1. Isabel y Lucas | jugar | de | la fiesta de cumpleaños de Alicia? |
| 2. Mi novio y yo | casarse | a | sus padres económicamente. |
| 3. ¿Tú | preocuparse | con | una persona muy especial. |
| 4. Yolanda | encontrarse | de | vivir en el extranjero. |
| 5. Irene | enamorarse | por | unos días de tranquilidad en el campo. |
| 6. Esta tarde, (yo) | acordarse | de | una historia real. |
| 7. Matías | dedicarse | de | los negocios. |
| 8. Los niños | soñar | a | un chico nuevo todos los veranos. |
| 9. Sara | disfrutar | con | mi futuro. |
| 10. Mis padres | tratar | de | casa la semana que viene. |
| 11. La película | depender | con | Luis este verano. |
| 12. Félix | cambiarse | de | la pelota en el jardín. |

## Vocabulario

3 ⇨ **3a** **¿Recuerda cómo se dicen estas palabras y expresiones en español?**

| | | | |
|---|---|---|---|
| Sprache | ______________ | Spanischsprechende | ______________ |
| offizielle Sprache | ______________ | Muttersprachler | ______________ |
| Muttersprache | ______________ | zweisprachig | ______________ |

| | | | |
|---|---|---|---|
| Dialekt | ________________ | Körpersprache | ________________ |
| Fremdsprache | ________________ | Akzent | ________________ |
| Umgangssprache | ________________ | Variante | ________________ |

**3b** **Complete con la palabra adecuada.**

1. El español o castellano, con más de 400 millones de hablantes, es la tercera ________________ más hablada del mundo.
2. Es ________________ en toda España y en 20 países.
3. En Hispanoamérica, algunos países son ________________, por ejemplo, en Perú, el quechua también es lengua oficial.
4. En Mallorca se habla mallorquín, que es un ________________ del catalán.
5. No todos los ________________ hablan igual: existen diferentes variantes del español, por ejemplo, la ________________ de Andalucía o la del Caribe.
6. Un hablante nativo de la región de Castilla no tiene el mismo ________________ que otro de Canarias.
7. Las palabras «che», «boludo» y «laburo» se usan en la ________________ de Argentina.
8. En los EE.UU., el español es la ________________ de más de 45 millones de personas.

# Gramática

4 ⇨ **4** **Sustituya las palabras en negrita por la perífrasis adecuada.**

1. + ¿Dónde está Laura? ¿Todavía no ha vuelto?
   – Pues, no sé ... **Probablemente está** en casa de su amiga.
2. + ¿Y qué tal el paseo?
   – Muy bien, pero de repente **empezó a llover** mucho y tuvimos que meternos en un bar.
3. + ¿Me prestas esa novela tan buena?
   – Sí, claro, pero ahora no, todavía no la he **leído hasta el final**.
4. + ¿Hablaste por fin con Rosa?
   – Pues ... no, **pensé decirle** la verdad, pero en ese momento llegó Susana y ...
5. + ¿Cómo te va con Manuel?
   – ¿Manuel? Pero si **ya no salgo más** con él. Era un pesado.
6. + ¿Vamos a tomar algo?
   – No, no puedo. Es tardísimo y todo este trabajo **está sin hacer**.

12 ⇨ **5** **¿Qué habrá pasado? ¿Qué cree que pensarán estas personas en cada situación?**

1. Lucas sale del trabajo y va a buscar el coche ... ¡No está!

2. Eduardo no puede dormir. Son las 4 de la mañana y su mujer no ha vuelto a casa.

3. Olga está llorando y no ha salido de su habitación en todo el día.

4. Hoy es el cumpleaños de Rocío y su novio no le ha regalado nada y ¡ni siquiera la ha felicitado!

# Comunicación

**6** **Escriba las preguntas para estas respuestas.**

15 ⇨

1. ¿______________________________?
   Mi nivel es bastante bueno, entiendo casi todo y hablo bastante bien, pero cometo algunos errores de gramática.
2. ¿______________________________?
   La variante que más me gusta es la de Argentina.
3. ¿______________________________?
   Lo mejor es ir a un país hispanohablante o buscarse un/a novio/-a latino/-a.
4. ¿______________________________?
   Les pido que repitan o que me expliquen alguna palabra.
5. ¿______________________________?
   No, no me molesta, es normal. Los errores son necesarios para aprender.
6. ¿______________________________?
   Sí, por ejemplo, «güey» o «lana».

# Lectura y redacción

**7a** Lea el texto.

## EL CAMINO DE LA LENGUA CASTELLANA

**El Camino de la Lengua Castellana es una ruta centrada en los orígenes y expansión de la lengua castellana. El viaje recorre San Millán de la Cogolla (La Rioja), Santo Domingo de Silos (Burgos), Valladolid, Salamanca, Ávila y Alcalá de Henares (Madrid).**

### SAN MILLÁN, CUNA[1] DEL CASTELLANO

En el siglo XI un estudiante o predicador anotó en un texto latino el primer testimonio escrito en castellano que ha llegado hasta nosotros. Son las *Glosas Emilianenses* del monasterio riojano de San Millán de la Cogolla, cuna de un idioma con el que se comunican hoy más de cuatrocientos millones de personas.

### SANTO DOMINGO DE SILOS

En el Monasterio de Silos se escribieron las *Glosas Silenses*, que son anotaciones escritas por alguien que no comprendía bien algunas expresiones latinas. El latín era la lengua culta, que se utilizaba para escribir, pero la forma de comunicarse del pueblo era el latín vulgar, que más tarde se convertiría en el castellano.

### VALLADOLID, CULTURA EN CASTELLANO

Valladolid es la ciudad donde vivió Cristóbal Colón al final de su vida (allí murió en 1506), y un importante lugar de conversaciones que acercarían el castellano al Nuevo Mundo. Del Nuevo Mundo empezaron a llegar a España nuevos productos acompañados por nuevas palabras: mandioca o yuca del guaraní (Paraguay), cacao o cacahuete del náhuatl (México), papa del quechua (Perú) y maíz del taíno (Caribe).
Esta ciudad también ha sido cuna de grandes escritores: allí nacieron José Zorrilla, Rosa Chacel y Miguel Delibes.

### SALAMANCA, CAMINO DEL SABER

Es la ciudad universitaria por excelencia: la Universidad de Salamanca fue la primera que se creó en España y es, además, una de las más antiguas de Europa pues es del 1243. En 1492 Antonio de Nebrija, catedrático de su universidad, establece en su *Gramática de la Lengua Castellana* las primeras normas de uso del castellano. La expansión del castellano continuó hasta llegar a ser una lengua importante. A ello contribuyó la labor de la Universidad de Salamanca, donde han estudiado y escrito autores como Fray Luis de León o Miguel de Unamuno.

### ÁVILA, CIUDAD DE SANTOS Y PIEDRAS

Esta ciudad está directamente relacionada con la mística de Santa Teresa de Jesús. En la provincia de Ávila nació la Reina Isabel I de Castilla, que tuvo una gran preocupación por la lengua y con quien el castellano adquiere la seguridad y dignidad del latín. Bajo su reinado se produce la unificación política del territorio con la conquista de Granada, la llegada de Colón a América y la expulsión de los judíos, que al abandonar el territorio castellano se llevarían su lengua: el sefardí.

### ALCALÁ DE HENARES, UNIVERSIDAD Y CERVANTES

Esta localidad madrileña es la cuna del ilustre Miguel de Cervantes (Alcalá 1547 – Madrid 1616), autor de *El Quijote*.
La relevancia de esta novela es tal que podemos decir que con él la lengua castellana se universaliza. *El Quijote* es el libro más traducido después de la *Biblia*: se ha traducido a más de 90 lenguas.

1 la cuna *hier: Geburtsort*

**7b** **Y ahora pruebe sus conocimientos sobre la lengua castellana.**

1. El castellano nació ...
   - a en un monasterio de la Rioja.
   - b en la Universidad de Salamanca.
2. El pueblo se comunicaba ...
   - a en latín.
   - b en latín vulgar.
3. El primer testimonio escrito del castellano son ...
   - a las Glosas.
   - b el *Quijote*.
4. Cristobál Colón ...
   - a nació en Valladolid.
   - b murió en Valladolid.
5. Las palabras «papa», «cacao» o «maíz» ...
   - a las inventaron los españoles cuando llegaron al Nuevo Mundo.
   - b las trajeron los españoles del Nuevo Mundo.

6. La primera *Gramática de la Lengua Castellana* la escribió Antonio de Nebrija en
   - a 1492.
   - b 1243.
7. La Universidad de Salamanca ...
   - a es la más antigua de España.
   - b es famosa por Cervantes.
8. En la provincia de Ávila ...
   - a nació Isabel I de Castilla.
   - b vivió Colón.
9. Bajo el reinado de Isabel ...
   - a se unificó España.
   - b llegaron los árabes a España.

10. Miguel de Cervantes ...
    - a escribió la novela más traducida del mundo: «El Quijote».
    - b nació en Alcalá de Henares.

# 8 ESTE LIBRO VALE LA PENA

## Una vez más

### Vocabulario

**1a** **El intruso.** **¿Qué palabra no va bien con la serie?**

1. periódico – dibujos animados – revista – diario – magacín
2. artículo – anuncio – reportaje – entrevista – crónica
3. informativo – serie – película – horario – concurso
4. protagonista – publicidad – lector – actor – periodista
5. cadena – cómic – programa – presentador – canal

**1b** **Y ahora complete según sus hábitos.**

Leo la prensa (a diario / a veces / los domingos / etc.) ______________________________

El periódico que más me gusta es ______________________ porque ______________________

Me interesa especialmente la sección ______________________ y siempre leo ______________________

Una revista que me gusta mucho es ______________________________

Veo la televisión ______________________________

Los programas que más me interesan son ______________________ y ______________________

Lo que menos me gusta de la televisión es/son ______________________________

Los periódicos más importantes de Alemania son ______________________________

Son (ideología) ______________________________

## Gramática

**2** **Elija la forma correcta de los tiempos del pasado.**

¡Penélope Cruz se lleva el Óscar!

La noche del 22 de febrero de 2009 Penélope Cruz se ha llevado / llevó el Óscar a la mejor actriz secundaria por su interpretación en *Vicky, Cristina, Barcelona*. Se ha convertido / había convertido así en la primera española que consigue un Óscar.

Penélope subió / subía al escenario emocionada para recoger su premio y empezó / ha empezado su discurso dándole las gracias al director de la película, Woody Allen.

Después, le dedicó / dedicaba el premio a sus padres, a sus hermanos y a los directores españoles Pedro Almodóvar, Fernando Trueba y Bigas Luna, quienes le ofrecieron / han ofrecido los primeros papeles.

«Crecí / Crecía en un lugar llamado Alcobendas donde esto no era un sueño muy realista», dijo la madrileña en su emotivo discurso. «Siempre me quedé / quedaba despierta para ver esta ceremonia ...».

La actriz añadió que el cine que «ha sido / era y será siempre un lenguaje universal».

Por último ha dicho / dijo unas palabras en español y dedicó el Óscar a: «todos los actores de mi país».

# Vocabulario

3 ⇨ **3** **Lea el principio de estos libros ... ¿De qué tipo de libro se trata?**

biografía – novela policiaca – libro de texto – libro de autoayuda – cuento – libro de cocina

1

CERCA DE UN BOSQUE ESPESO Y OSCURO VIVÍAN UN LEÑADOR Y SUS DOS HIJOS. LA MADRE HABÍA MUERTO Y EL LEÑADOR VOLVIÓ A CASARSE CON UNA MUJER ANTIPÁTICA QUE NO QUERÍA A LOS NIÑOS ...

2

El jardinero del Parque Güell descubrió el cadáver de un mendigo en un banco. No llevaba ninguna documentación pero sí una vieja fotografía con una dedicatoria, y un recorte de prensa que hablaba de ...

3

Todos tenemos alguna opinión sobre las causas de la felicidad, pero las investigaciones recientes demuestran que solemos equivocarnos. Podemos pensar, por ejemplo, que el dinero da la felicidad. En realidad, no es tan sencillo. Si de verdad queremos ser más felices, ¿qué habría que cambiar?

4

En 1886 nació en la ciudad de Guanajuato uno de los artistas mexicanos más importantes de los últimos tiempos: el pintor Diego Rivera, cuyo talento ha sido reconocido por el mundo entero. Su vida tiene mucho de cuento y de leyenda ...

5

Este libro ha contribuido a mejorar la alimentación de los españoles y a facilitar el aprendizaje de la buena cocina entre los que disponen de poco tiempo y ayuda para guisar. Estas recetas son sabrosas y sencillas y están explicadas con claridad para que el plato le salga bien a la mano menos experta ...

6

Los mayas habitaron una extensa zona formada por los actuales estados de Tabasco, Chiapas, Campeche, Yucatán y Quintana Roo, así como los países centroamericanos de Belice, Guatemala, El Salvador y Honduras. Construyeron ciudades y centros ceremoniales en varios lugares entre los que se encuentran Palenque, Chichén Itzá, Tulum y Tikal.
Los mayas destacaron por su sabiduría. Fueron excelentes artistas, pintores de murales y escultores.

7 ⇨ **4** **Complete las trece palabras relacionadas con el mundo del libro.**

| | | | | | | | | | | | |
|---|---|---|---|---|---|---|---|---|---|---|---|
| 1 | | i | b | | e | r | í | | | | |
| 2 | a | | | o | r | | | | | | |
| 3 | l | e | | t | | r | a | | | | |
| 4 | t | r | | d | | | t | o | r | | |
| 5 | f | | r | i | | | | | | | |
| 6 | l | | c | t | | r | | | | | |
| 7 | l | | b | r | | r | o | | | | |
| 8 | | d | i | | i | ó | n | | | | |
| 9 | n | | r | | a | d | o | r | | | |
| 10 | p | | b | l | i | | a | r | | | |
| 11 | p | u | | l | | c | a | | i | ó | n |
| 12 | o | b | | a | | | | | | | |
| 13 | e | d | | t | o | r | i | a | | | |

# Gramática

10 ⇨ **5** **Complete con la pasiva refleja. Recuerde que el verbo puede estar en singular o en plural.**

## Las ventajas de leer

- Una ventaja de la lectura es que a través de ella se ____________ (1. ganar) autonomía porque hace a las personas más críticas.
- Otra ventaja es que se ____________ (2. adquirir) nuevas ideas y también se ____________ (3. conseguir) poco a poco un enriquecimiento[1] personal.

1 un enriquecimiento *Bereicherung*

- Con la lectura se ________________ (**4.** aprender) palabras nuevas y se ________________ (**5.** mejorar) el conocimiento del idioma.
- Al leer se ________________ (**6.** satisfacer) los deseos que cualquier persona pueda tener de aprender, pues es la mayor fuente de adquisición de conocimientos.
- Además, los libros, revistas, etc. se ________________ (**7.** conseguir) fácilmente.
- Leer es una actividad intelectual individual en la que se ________________ (**8.** elegir) las lecturas y el propio ritmo de lectura.

11 ⇨ **6** **Complete con la voz pasiva o la pasiva refleja. A veces son posibles las dos.**

### La Feria del Libro de Madrid

1. La primera Feria del Libro de Madrid se celebró del 23 al 29 de abril de 1933. Debido a la Guerra Civil, la Feria ________________ (suspender) durante un tiempo.
2. En 2008 se celebró la 67 edición, que ________________ (inaugurar) por la Infanta Doña Elena.
3. Ese año la Feria ________________ (dedicar) a Latinoamérica.
4. Los lectores que la visitaron pudieron acercarse a la literatura de nuevos narradores del otro lado del Atlántico, que todavía no ________________ (leer) en España.
5. Además ________________ (presentar) las últimas novedades editoriales junto a premios nacionales y autores clásicos de Latinoamérica.
6. En la Feria se pudieron ver los libros que más ________________ (vender).
7. El último libro de Carlos Ruiz Zafón, *El juego del ángel*, ________________ (considerar) uno de los más solicitados por el público.
8. Durante los 17 días que duró la Feria ________________ (desarrollar) más de 400 actividades: debates, encuentros con escritores, mesas redondas, conferencias, presentaciones de libros ...
9. El Premio Libro del Año 2007 ________________ (conceder) a la novela *El corazón helado* de Almudena Grandes.

# Comunicación

**7** Escriba un resumen de una novela que haya leído.

13 ⮱

Siga los pasos siguientes:
1. Tema:
2. Argumento:
3. Tipo de novela: ¿De aventuras, de amor, romántica ...?
4. Los personajes: escriba cómo es el personaje principal y alguno de los secundarios.
5. Espacio y tiempo: ¿Dónde y cuándo ocurre la acción?
6. Valoración personal: ¿Le ha gustado el libro? ¿Por qué? ¿Ha tenido dificultades para entenderlo?
7. Recomendación: ¿Lo recomendaría a alguien? ¿A quién?

# Lectura y redacción

**8** Lea el texto y responda las preguntas.

## Los «cuenteros» retoman la palabra

En los últimos años, se ha despertado en España y América Latina un enorme interés por los narradores orales. Cada año se celebran encuentros, festivales y coloquios, como el Festival Iberoamericano de Cuentos Abra Palabra en Colombia, el Festival Iberoamericano de Narración Oral Escénica en México y la Muestra Anual de Narración Oral Escénica de Agüimes, en España.

El último Encuentro Internacional de Narración Oral que se celebra desde 1995 en Buenos Aires contó con la participación de más de 800 personas. La gente acude no sólo para escuchar cuentos, sino también para aprender a contarlos con el ritmo, la voz y los gestos adecuados.

Muchos de los participantes de esos talleres son profesores que quieren fomentar la lectura. Adaptan cuentos de la literatura universal y los narran durante las horas de clase.

Pero esta afición va más allá de las aulas. El argentino Juan Moreno dejó la enseñanza de la literatura hace diecisiete años para dedicarse exclusivamente a contar cuentos y leyendas del mundo en teatros, cafés-teatro, bares, universidades y bibliotecas. Organiza también talleres para psicólogos, abogados y amas de casas. ¿Qué puede enseñarles a personas tan distintas? «El valor de la palabra; la palabra que cura, que puede dar la vida, pero también quitarla», afirma. Moreno recuerda lo que le dijo una mujer desesperada a Dora Pastoriza de Echebarne, la pionera de los estudios sobre narración oral en Argentina: «Cuando usted narraba, a mí no me dolía.»

El antropólogo argentino Adolfo Colombres sostiene que no se trata de un renacimiento de los cuentos de la tradición oral latinoamericana, sino más bien de una moda de lo oral. En los países con bajos niveles de lectura, explica, «lo oral se utiliza paradójicamente para estimular lo escrito».

No obstante, la tradición oral en América Latina es muy rica, pues es el resultado de la mezcla de tres sociedades históricamente orales: la indígena, la africana y, en menor medida, la criolla.

1. ¿Quienés son «los cuenteros»?
2. ¿Dónde se cuentan los cuentos?
3. ¿A quién van dirigidos?
4. ¿Qué efecto tienen los cuentos en el público?
5. ¿Cuál es el origen de la tradición oral en América Latina?

# 9 DE MADRID AL CIELO

## Una vez más

### Vocabulario

**1** **Usted acaba de llegar al aeropuerto de una ciudad española y tiene algunas preguntas. Complete con las palabras que faltan.**

1. Perdone, ¿hay alguna ______________ 

por aquí?
2. ¿Dónde puedo comprar el ______________  de metro?
3. ¿Cuánto cuesta un taxi desde el aeropuerto hasta el ______________  ?
4. Necesito sacar dinero. ¿Sabes dónde hay un ______________ 

?
5. ¿Qué ______________  tengo que tomar si voy por la autopista al sur?
6. ¿Cuánto tiempo se tarda en llegar a la ______________  ?

### Gramática

**2** La ciudad del futuro. **¿Dónde falta el acento? Escríbalo.**

1. En America Latina mucha gente se mudo al campo para escapar de la inseguridad y la contaminacion. Sin embargo, en algunos paises europeos como Alemania ocurre el fenomeno opuesto: la gente vuelve a la ciudad.
2. Las ciudades del futuro deberan ofrecer, sobre todo, calidad de vida.
3. Las viviendas combinaran la idea de que las personas tengan un lugar propio y cuenten tambien con espacios comunes. Las viviendas se diseñaran para la convivencia de varias generaciones.
4. En los años 70 se anuncio la desaparicion de las metropolis, por eso muchos alemanes se fueron a vivir a pequeños pueblos.
5. Ahora los alemanes estan volviendo a las ciudades por la falta de posibilidades de diversion. Y ademas, vivir en el campo implica consumir mucha gasolina.
6. Segun un estudio, tres cuartos de la poblacion alemana considera el casco historico de las ciudades como atraccion turistica (71 %), y les gustan los parques (71 %), y poder viajar en transportes publicos al centro (69 %).
7. Los alemanes imaginan que en la ciudad del futuro la oferta cultural sera diversa (67 %), habra mas recreacion en calles y plazas (66 %), aumentara la calidad de vida (64 %), las ciudades estaran mas limpias (68 %) y seguras (62 %).

# Vocabulario

4 ⇒ **3** **¿Qué es ...? Aquí tiene la definición de algunas palabras relacionadas con «ciudad». ¿A qué palabra/s se refiere?**

1. Cada una de las zonas en las que está dividida una ciudad.
2. Es la parte de la ciudad donde ésta se originó y donde están los edificios históricos.
3. La zona que rodea a la ciudad.
4. Lo que quieren ver todos los turistas.
5. Es la oferta de noche de una ciudad.
6. Son tiendas en las que se pueden comprar artículos muy caros.
7. Son edificios muy altos, de más de diez pisos.
8. Es el edificio central de una empresa o institución.
9. Caminar por las calles sin rumbo fijo.
10. Es el lugar donde se celebran los partidos de fútbol.

# Gramática

9 ⇒ **4** **Formule primero las hipótesis y después escriba qué pasaría si ...**

1. Hace mal tiempo, está lloviendo todo el día.
   Si no hiciera mal tiempo y estuviera nevando, podríamos hacer una excursión al Escorial.
2. Madrid no tiene mar.
   ______________________________
   ______________________________
3. Yo todavía no hablo español muy bien.
   ______________________________
   ______________________________
4. Sólo me puedo quedar tres semanas en Madrid.
   ______________________________
5. Mi novio y yo tenemos trabajo en Alemania.
   ______________________________
6. Las tiendas de ropa del barrio de Salamanca son muy caras.
   ______________________________
7. Me gustaría comprar un recuerdo, pero no tengo tiempo.
   ______________________________

## 8 ⇨ 5 Como si … Complete las frases con el imperfecto de subjuntivo.

1. Desde que salió del hospital, parece mucho más joven, como si __________ (tener) 20 años menos.
2. Edu y yo en realidad nos conocemos hace poco, pero nos entendemos muy bien, como si nos __________ (conocer) de toda la vida.
3. Martin sabía lo que había ocurrido pero se comportó como si no __________ (saber) nada.
4. Claudia habla español perfectamente, como si __________ (ser) española.
5. Cuando veo las fotos, me acuerdo mucho del viaje, es como si __________ (estar) allí.

## 12 ⇨ 6 Cubanísimos. Usted está en La Habana y hay algunas cosas que no entiende. Pida que repitan y se lo expliquen.

Ejemplo:
– Cómprame una fruta bomba.
– ¿Que te compre qué?
– Una fruta bomba, una papaya.

1. – Coge la guagua.
   – ¿Que __________ qué?
   – La guagua, el autobús.
2. – Espérame en carpeta.
   – ¿Que te __________ dónde?
   – En carpeta, en recepción.
3. – Vamos a la playa, así que lleva la trusa, ¿eh?
   – ¿Que __________ qué?
   – La trusa, el bañador.
4. – Vete en botella.
   – ¿Que me __________ cómo?
   – En botella, en autoestop.
5. – Dame los espejuelos.
   – ¿Que te __________ qué?
   – Los espejuelos, las gafas.
6. – Préstame un fula.
   – ¿Que te __________ qué?
   – Un fula, un dólar.
7. – Toma el camello M5.
   – ¿Que __________ qué?
   – El camello, el autobús.
8. – Pásame los tostones.
   – ¿Que te __________ qué?
   – Los tostones, los plátanos fritos.
9. – Alcánzame la pitusa.
   – ¿Que te __________ qué?
   – La pitusa, los vaqueros.

12 ⇨ **7a** **¿Qué dice ...? ¿Qué han dicho o preguntado estas personas? Escriba en el estilo indirecto.**

Ejemplo:
Tomás: «¿Quieres ir conmigo el fin de semana a Granada?»
Tomás me ha preguntado si quiero ir con él el fin de semana a Granada.

1. Maribel: «¿Por qué no hacemos un viaje a Santander?»

___

2. Sara: «Oye, llego un poquito más tarde, ¿vale? Es que tengo una reunión y me parece que me voy a retrasar unos minutos.»

___

___

3. Marina: «¿Me puedes recomendar algún hotel en Madrid?»

___

4. Paco: «Por favor, resérvame un billete de avión a Berlín para el sábado. Es muy urgente.»

___

___

5. Daniel: «Oye, ¿tú sabes cómo llegar al barrio de Lavapiés?»

___

6. Recepcionista: «Rellenen este formulario y firmen aquí, por favor.»

___

7. Nuria: «Me encanta esta ciudad. Me gustaría vivir aquí por un tiempo.»

___

___

**7b** **Imagine que está en España con un/a amigo/-a alemán/alemana que no habla ni una palabra de español. Usted tiene que traducir cuando habla con algunos españoles. Escriba algunas preguntas de su amigo/-a y luego haga de «traductor/a».**

Ejemplos:
- Sprichst du Englisch? Ich kann leider kein Spanisch.
  Mi amigo/-a pregunta / quiere saber si hablas inglés, él no habla español.
- Willst du mir deine E-Mail-Adresse geben?
  Mi amigo/-a te pide / pregunta si le quieres dar tu correo electrónico.

# Comunicación

**8** **Una ciudad especial. Si pudiera elegir una ciudad para vivir, ¿cuál elegiría? ¿Por qué? Escriba un pequeño texto. Puede describir algunos aspectos como:**

el tamaño – la gente – la oferta cultural – la vida nocturna – el nivel de vida – la seguridad – el transporte público – los atractivos turísticos – el clima – la comida – las zonas verdes – la contaminación – los barrios

# Lectura y redacción

**9** Lea el texto y conteste a las preguntas.

## PASEO POR LA HABANA VIEJA

La Habana Vieja es el barrio más antiguo de la capital cubana. Está formado por el puerto, el centro oficial y la Plaza de Armas.

La Plaza de Armas fue, desde los primeros siglos de la colonia, el centro de la vida institucional, religiosa y militar. En el centro de la plaza se encuentra la estatua de Carlos Manuel de Céspedes, Padre de la Patria e iniciador de la Guerra de Independencia contra los españoles.

A un lado de la Plaza de Armas vemos un edificio neoclásico –El Templete– y un árbol –la ceiba. Cuentan las crónicas que aquí, bajo la sombra de la ceiba, se fundó en 1519 la ciudad de San Cristóbal de La Habana. El 16 de noviembre, día del aniversario de la fundación de la ciudad, los habaneros, según la tradición, acuden a la ceiba del Templete y le dan tres vueltas pidiendo un deseo por cada vuelta.

No lejos de allí se encuentra la Plaza de la Catedral con sus casas coloniales, sus palacios y su catedral de estilo barroco. Los planos de la catedral fueron obra de los jesuitas, quienes comenzaron a construir la catedral en 1748. Se terminó en el año 1977. La fachada llama la atención por sus torres desiguales.

Paseando por la calle Obispo, llegamos al ruidoso Parque Central. Allí se encuentran hoteles famosos como el Plaza o el Hotel Inglaterra, el Capitolio y el Gran Teatro García Lorca, escenario del Ballet Nacional de Cuba, dirigido durante años por la bailarina Alicia Alonso. Por él han pasado artistas como Anna Pávlova, Eleonora Dusse, Victoria de los Ángeles y Enrico Carusso, por citar algunos ejemplos.

Bajando por el Paseo del Prado desde del Parque Central se llega al mar, al principio del Malecón, y se pasa por el túnel de la Bahía para visitar el parque Morro-Cabaña. Los cubanos llaman a este conjunto, sencillamente El Morro. Guarda la entrada de la bahía de la Habana desde el siglo XVII. Fue muy importante para la defensa de la capital cubana frente a los frecuentes ataques de piratas y corsarios. La Cabaña conserva una tradición muy especial: el llamado Cañonazo de las nueve. Cada día, soldados vestidos con uniforme de época disparan un cañonazo hacia el mar. En los tiempos de la colonia era para anunciar que las puertas del muro de la ciudad iban a ser cerradas y que nadie podía entrar ni salir de la ciudad.

Y desde El Morro, paseando a lo largo de varios kilómetros por la vía urbana más frecuentada de la ciudad, el Malecón, llegamos a otro barrio de La Habana: El Vedado.

1. ¿Qué hay en el centro de la Plaza de Armas?
2. ¿Qué se celebra el 16 de noviembre? ¿Qué hacen los habaneros ese día?
3. ¿De qué estilo es la catedral? ¿Quién diseñó los planos?
4. ¿Por qué es conocido el Gran Teatro García Lorca?
5. ¿Qué es El Morro? ¿Y el «Cañonazo de las nueve»?

# 10 EL CARIBE: CÓCTEL CULTURAL

## Una vez más

### Vocabulario

**1** **Busque el verbo correspondiente.**

| | | | |
|---|---|---|---|
| el cambio | ______ | la inauguración | ______ |
| el/la traductor/a | ______ | el comentario | ______ |
| el incendio | ______ | el funcionamiento | ______ |
| la educación | ______ | la compañía | ______ |

**2** **¿Cómo se dice en alemán?**

| | | | |
|---|---|---|---|
| a punto de | ______ | a la hora | ______ |
| por igual | ______ | justo | ______ |
| ni siquiera | ______ | evidente | ______ |

### Gramática

**3** **Conjugue los verbos en imperfecto de subjuntivo.**

| terminación -ra | instalarse | invadir | vencer | ponerse | ir | venir |
|---|---|---|---|---|---|---|
| 1. yo | me instalara | | | | | |
| 2. tú | | | | | | |
| 3. David | | | venciera | | | |
| 4. Eva y yo | | | | | | |
| 5. Lidia y tú | | | | | | |
| 6. Sara y Juan | | | | | | vinieran |

| terminación -se | saber | tener | ganar | meter | reinar | comprender |
|---|---|---|---|---|---|---|
| 1. yo | supiese | | | | | |
| 2. tú | | | | | | |
| 3. mi amiga | | | | metiese | | |
| 4. Pablo y yo | | | | | | |
| 5. Juan y tú | | | | | | |
| 6. Luis y Luz | | | | | | comprendiesen |

**4** **¿Qué tiempo verbal es y cómo es el infinitivo?**

fueron – calentaba – hiciera – guardarían – dejábamos – dividiera – aprobaron – introdujera – introduzco – venga – salieran – dijéramos – sabría – pertenezcáis – detuvieron – estábamos – dieses – fuera – viese – atraviesan – creyéramos – firme – consistiría – comparemos – avancemos – cambiaría – interrumpiésemos

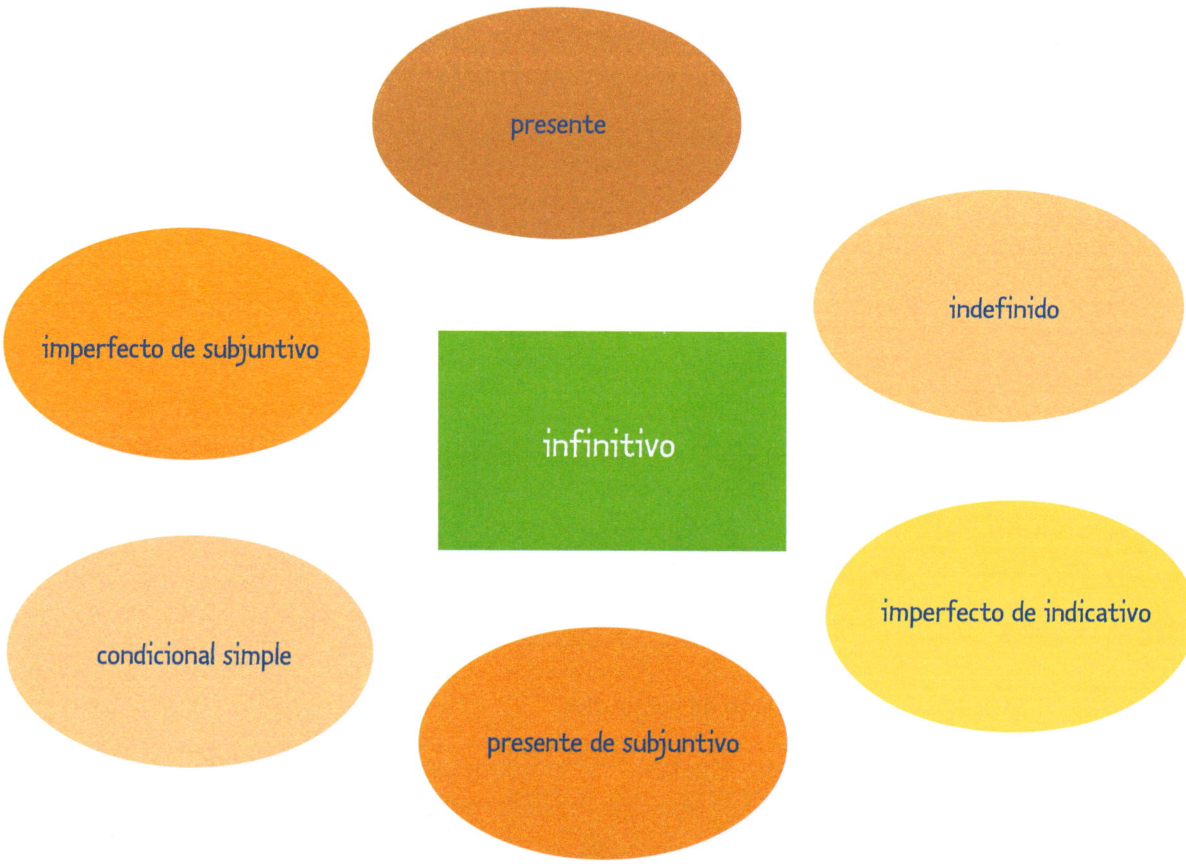


## Comunicación

**5** **Complete con la pregunta adecuada.**

1. ¿_______________________________________________?
   Pues creo que es lengua materna de unos 400 millones de personas.
2. ¿_______________________________________________?
   Vos se utiliza en Argentina, por ejemplo.
3. ¿_______________________________________________?
   A mí el que más me gusta es el acento andaluz.
4. ¿_______________________________________________?
   En España se dan dos besos.
5. ¿_______________________________________________?
   Cuatro: el castellano o español, el gallego, el vasco y el catalán.

# Vocabulario

3 ⇨ **6** **Complete.**

1. Persona o cosa del Caribe.
2. Tipo de música y baile del Caribe.
3. Especie de cama que cuelga.
4. Sinónimo de huir.
5. Grupo de músicos que tocan en un lugar instrumentos diferentes.
6. Planta que se cultiva mucho en el Caribe.
7. Vivir con alguien.
8. Persona que no posee libertad.
9. Persona procedente de África.

14 ⇨ **7** **Relacione. En un caso hay dos posibilidades.**

| | |
|---|---|
| 1. la ropa de | a) pereza |
| 2. tener | b) de culturas |
| 3. el agua del | c) musical |
| 4. venir | d) botánico |
| 5. el cóctel | e) abrigo |
| 6. el instrumento | f) a la mente |
| 7. los aportes | g) estilos |
| 8. la fusión de | h) culturales |
| 9. dar | i) defensas |
| 10. el jardín | j) grifo |

# Gramática

6 ⇨ **8** **Diga qué persona y tiempo es y transforme a pluscuamperfecto de subjuntivo.**

| | Tiempo y persona | Pluscuamperfecto de subj. |
|---|---|---|
| 1. exportaron | ______ | ______ |
| 2. hice | ______ | ______ |
| 3. huyamos | ______ | ______ |
| 4. se cambiaban | ______ | ______ |
| 5. oiga | ______ | ______ |
| 6. había | ______ | ______ |
| 7. sabrías | ______ | ______ |
| 8. escuchéis | ______ | ______ |

9 ⇨ **9** **Complete como en el ejemplo.**

Ejemplo: Sara estuvo en Colombia, pero no fue al carnaval de Barranquilla.
Si yo hubiera estado en Colombia, habría ido al carnaval.

1. Marina fue al carnaval, pero no bailó.

   Si yo ______

2. Antonio fue a Perú, pero no fue a Machu Picchu.

   Si nosotros ______

3. Felipe y Juan fueron a Bolivia y no visitaron las ruinas de Tiwanaku.

   Si Carmen y yo ______

4. Los españoles llevaron el catolicismo a México, por eso se construyeron muchas iglesias y catedrales.

   Si los españoles no ______

9 ⇨ **10** **¿Qué reproches les puede hacer a las siguientes personas?**

______

______

______

______

# Comunicación

4 ⇨ **11** **Elija la forma correcta.**

1. [a] A mí me encanta la televisión inglesa.
   [b] A mí me encanta el televisor inglés.
2. [a] Oigo todos los días las noticias en la radio.
   [b] Oigo todos las días las noticias en la emisora.
3. [a] Vamos a la clase flamenca los lunes y jueves.
   [b] Vamos a clase de flamenco los lunes y jueves.
4. [a] Me gustan mucho los mares turquesa del Caribe.
   [b] Me gusta mucho el color turquesa del mar Caribe.
5. [a] Esta semana hay muchos desfiles de carnaval.
   [b] Esta semana están muchos desfiles en el carnaval.

**12** **Traduzca.**
14 ⇨

1. Juan hätte es mir sagen können.
2. Wenn Juan es mir gesagt hätte, hätte ich ihm mein Auto geliehen.
3. Wir hätten zur Party hingehen sollen.
4. Wenn wir hingegangen wären, hätten wir den Präsidenten kennen gelernt.
5. Du hättest nicht so viel Wein trinken sollen.
6. Wenn du nicht so viel getrunken hättest, hättest du heute keine Kopfschmerzen.
7. Ich hätte María anrufen sollen.
8. Wenn ich María angerufen hätte, wüsste sie, dass das Treffen wichtig ist.

# Lectura y redacción

**13a** Cóctel cultural. Lea el artículo y subraye las informaciones que le parezcan importantes.

## DESPEDIDA DEL AÑO DE LA RATA A 15.000 KILÓMETROS DE CHINA

**Unas doscientas personas de diferentes nacionalidades dan la bienvenida al Año Nuevo chino en Lavapiés, el barrio multicultural de Madrid.**

Este año unas doscientas personas, chinas y de otras nacionalidades, han asistido a la fiesta de Nochevieja que desde hace diez años organizan La Asociación de Comerciantes Chinos en España y la Asociación de Vecinos La Corrala. Dos dragones han recorrido las calles de Lavapiés para dar la bienvenida al Año del Buey[1], que simboliza en la cultura china «la prosperidad[2] obtenida a través del trabajo duro», explica uno de los asistentes. La Asociación apoya la fiesta porque «la piden todos los vecinos, de todas las nacionalidades». Y es que entre dragones, farolillos[3] rojos –símbolo de la felicidad–, comida típica y cantos, somos testigos[4] de algo que puede parecer un tópico, pero que aquí no lo es. Vemos a Xufeng, uno de los niños, que se toma un bocadillo de tortilla mientras Carmen, madrileña de unos 50 años, hace cola[5] para probar la comida china que reparten gratis. «¡Qué bonito es todo, qué original!», dice. Hay pollo, rollitos de primavera[6], bolas de coco y sésamo, gambas, costillas y cacahuetes. «Creo que sólo voy a comerme lo que puedo identificar», le dice a Wei, hijo de padres chinos nacido en Valencia.

Un hombre mayor toca el tambor y el coro de bailarines –10 hombres y 10 mujeres– hace bailar a los dragones de tela. Les siguen una orquesta de mujeres vestidas de blanco, un grupo de adolescentes con máscaras y otro dragón amarillo. Y allí debajo vemos a Luis, un dominicano, moviendo el dragón, y a Yuli, china, con una máscara de muñeca.

En vasos rojos, el color de la suerte en China, se reparte el champán y la fiesta sigue.

En China las celebraciones del Año Nuevo duran quince días. Aquí, el domingo las familias chinas se reunieron para la cena de Nochevieja con pastel de arroz, pollo, pescado, empanadas y dulces. Cada alimento tiene un simbolismo y, por ejemplo, servir un pollo entero representa la unión de la familia; los tradicionales fideos largos la longevidad[7], por lo que no es recomendable cortarlos; y el pescado es sinónimo de abundancia y debe servirse entero, con cabeza y cola[8], para pedir un buen final y comienzo de año.

El jueves día 29 a las 21 horas se celebrará en el Palacio de los Deportes de la capital el Gran Festival del Año Nuevo, que incluirá espectáculos protagonizados por ciudadanos chinos residentes en España y por amigos españoles e inmigrantes de otras nacionalidades. La entrada será libre.

¡FELIZ Año del BUEY a todos!

1 el buey *Ochse*
2 la prosperidad *Wohlergehen, Wohlstand*
3 los farolillos *Laternen*
4 los testigos *Zeugen*
5 hacer cola *Schlange stehen*
6 el rollito de primavera *Frühlingsrolle*
7 la longevidad *Langlebigkeit*
8 la cola *Schwanz*

**13b** Responda.

1. ¿Dónde se celebró la Nochevieja china?
2. ¿Cuántas personas celebraron la Nochevieja?
3. ¿Quién organizó la fiesta?
4. ¿Qué año comienza y qué simboliza este animal?
5. ¿Por qué beben champán en vasos rojos?
6. ¿Qué comen las familias chinas en Nochevieja y qué simbolizan esos alimentos?

# 11 BAJO LA CRUZ DEL SUR

## Una vez más

### Vocabulario

**1** **Complete con las letras que faltan.**

1. la v___si___a g___iada
2. el c___m___e___n de fú___b___l
3. la c___pa
4. la a___ ___r___z
5. la e___t___el___a
6. la c___rr___r___
7. el t___ng___e r___

### Gramática

**2** **Complete la tabla.**

| | | | |
|---|---|---|---|
| 1. indefinido<br>Pedro / pedir<br>________ | 2. presente ind.<br>ellos / encontrar<br>________ | 3. pluscuamperf. subj.<br>yo / estar<br>________ | 4. pluscuamperf. ind.<br>usted / escribir<br>________ |
| 5. imperfecto ind.<br>yo / ir<br>________ | 6. presente subj.<br>ella / servir<br>________ | 7. condicional comp.<br>vosotros / ver<br>________ | 8. perfecto de subj.<br>ellas / alegrarse<br>________ |
| 9. futuro simple<br>nosotros / saber<br>________ | 10. perfecto de subj.<br>yo / decir<br>________ | 11. perfecto ind.<br>él / poner<br>________ | 12. imperfecto de subj.<br>yo / salir<br>________ |
| 13. condicional simple<br>él / tener<br>________ | 14. imperfecto subj.<br>nosotros / ser<br>________ | 15. indefinido<br>Juan y Sole / venir<br>________ | 16. futuro simple<br>ustedes / poder<br>________ |
| 17. imperativo<br>usted / hacer<br>________ | 18. gerundio<br>leer<br>________ | 19. presente subj.<br>tú / salir<br>________ | 20. condicional comp.<br>tú / subir<br>________ |

**3** En la agencia de viajes. **Complete con el tiempo adecuado.**

Ayer ________ (1. ir / yo) a una agencia de viajes porque ________ (2. querer) informarme sobre viajes a Latinoamérica. La chica ________ (3. ser) muy simpática y me ________ (4. ofrecer) varias opciones. Ella me ________ (5. decir): «Si yo ________ (6. tener) dinero y tiempo ________ (7. ir) a Perú porque me ________ (8. gustar) la cultura inca. Pero si usted ________ (9. preferir) la playa, entonces, yo en su lugar ________ (10. viajar) a México, a las playas del Caribe. Y si le gusta la cultura maya puede hacer un recorrido por el sureste del país: Chichén Itzá, Palenque, Tulum ...». La propuesta me ________ (11. gustar). Por eso ________ (12. pasar) el próximo mes de marzo en Yucatán y ________ (13. combinar) la cultura con el descanso.

## Comunicación

**4** **Complete según el modelo y utilice** poder / tener que / deber / ...

1. Llámame por teléfono. — *Me podrías haber llamado por teléfono.* *Deberías haberme llamado por teléfono.*
2. Ven a mi casa a las ocho. ________
3. Trabaja menos los fines de semana. ________
4. Compra más fruta. ________
5. Dúchate por la noche. ________
6. No tomes café. ________

# Vocabulario

16 ↪ **5** Todo sobre Argentina. **Complete en su cuaderno con sus conocimientos.**

Argentina
- comidas/bebidas
- turismo
- historia
- datos geográficos
- famosos
  - actores
  - escritores
  - futbolistas
  - políticos

4 ↪ **6** Un poco de política. **Relacione.**

| | | | |
|---|---|---|---|
| 1. la clase | a) izquierdas | 6. el gobierno | f) federal |
| 2. el golpe | b) alemana | 7. la mano | g) totalitario |
| 3. la dictadura | c) de vacas | 8. la reunificación | h) de estado |
| 4. el primer | d) de obra | 9. la cría | i) militar |
| 5. ser de | e) media | 10. el/la canciller | j) ministro |

# Gramática

6 ↪ **7** Sentimientos. **Complete las frases con el tiempo adecuado.**

1. Me encanta que ____________ (tomar / nosotros) algo juntos.
2. Me encantaría que ____________ (tomar / nosotros) algo juntos.
3. Me encantó que ____________ (tomar / nosotros) algo juntos.
4. Me habría encantado que ____________ (tomar / nosotros) algo juntos.

**¡RECUERDA!**
Die Zeit des Hauptsatzes bedingt die Zeit des Nebensatzes.

5. No puedo creer que Buenos Aires ____________________ (ser) tan grande.
6. No podía creer que Buenos Aires ____________________ (ser) tan grande.
7. No pudo creer que Buenos Aires ____________________ (ser) tan grande.
8. Nunca habría pensado que Buenos Aires ____________________ (ser) tan grande.
9. Me alegro de que ____________________ (poder / nosotros) ver saltar a los salmones. Ha sido un espectáculo maravilloso.
10. Me alegré de que ____________________ (poder / nosotros) ver saltar a los salmones.
11. Me alegraría que ____________________ (poder / nosotros) ver saltar a los salmones.
12. Me habría alegrado si ____________________ (ver / yo) saltar a los salmones.
13. Me alegraré cuando ____________________ (ver / yo) saltar a los salmones.

6 ⇨ **8** **Tache el tiempo incorrecto.**

1. Si no hubiera / habría conocido a Felipe, no habría probado el mate.
2. Comeré cuando puedo / pueda.
3. Me gustaría que conocerás / conocieras mi país.
4. Me han pedido que organizo / organice un viaje a Argentina.
5. Si hubiera / habría llevado la cámara, habría sacado unas fotos maravillosas.
6. Cuando fuera / vaya a Argentina, visitaré / visitaría las cataratas del Iguazú.

7. Siempre que bebía / beberé mate, recuerdo / recordaba el año que pasé de becaria en Buenos Aires.
8. En 1955, después de que Argentina sufriera / sufrió una inflación muy alta, hubo / había un golpe militar.

**9** 6 ⇨ **Una película argentina. Haga frases. Ponga los verbos en los tiempos y modos adecuados.**

1. Ayer – ver / yo – una película argentina muy interesante.
2. En 2002 – la película – ser nominada – para el Óscar.
3. La película – llamarse – *El hijo de la novia*.
4. Pedirles / yo – a mis amigos – que verla conmigo.
5. Querer / yo – verla con ellos, pero ayer – ellos no tener tiempo.
6. Ayer comprender / yo que – el humor ser muy importante – para tratar cualquier tema.
7. Sentir / yo – no conocer / yo – más películas del director.
8. Esperar / yo que – la próxima película – poder verla juntos mis amigos y yo.

# Comunicación

## 10 ¿Qué ha aprendido sobre Argentina? Escriba.

15 ⇨

1. ¿De dónde procede la mayoría de los argentinos?
2. ¿Quiénes son los gauchos?
3. ¿Cómo se llama la capital de Argentina?
4. ¿Cuál es la bebida típica de Argentina? ¿Qué simboliza? ¿Cómo se bebe, en compañía o a solas?
5. ¿Quiénes son Borges y Cortázar?
6. ¿Quién era Eva Perón, conocida también como Evita?
7. ¿Cómo se llaman las cataratas que se encuentran entre Argentina y Brasil y que son más grandes que las de Niágara?
8. Y, ¿sabe cómo se llama el presidente / la presidenta de Argentina hoy en día?
9. ¿Qué es lo que más le ha impresionado de Argentina?

# Lectura y redacción

## 11a Lea y relacione los títulos con los artículos correspondientes.

1

Como todos los años, los lobos marinos se reúnen en esta península para fecundar[1] a las hembras. A los pocos días de llegar los machos, llegan las hembras para dar a luz[2] a sus cachorros, a los que amamantan durante unos 30 días. Los machos van formando sus harenes[3], peleándose entre sí para ver quién consigue mayor número de hembras[4]. Y el próximo año de nuevo la hembra será fecundada y volverá a dar a luz a su cachorro.

2

**Estudio revela que la yerba mate mejora las defensas y retrasa el envejecimiento.**

Los indígenas utilizaban la yerba mate por conocer sus virtudes[5], como aumentar la resistencia a la fatiga[6] y reducir la sed o el hambre. En La Universidad de Misiones se llevó a cabo un estudio que revela ahora que esta hierba contiene además un elevado porcentaje de una sustancia antioxidante (Ilex paraguariensis) que retrasa el envejecimiento celular, mejora las defensas naturales del organismo humano y previene así de ciertas enfermedades.

3

El escritor argentino Julio Cortázar (1914–1984) ha vuelto a los 25 años de su muerte.
Bajo el título de «Papeles inesperados» aparecerán en la editorial Alfaguara diferentes textos que en diciembre de 2006 encontró su primera esposa en un armario. Una gran sorpresa para todos sus admiradores.

a Primer partido hace más de cien años

b Más jóvenes y dinámicos

c Gran espectáculo en la Península de Valdés

4

El 20 de junio de 1867 se jugó el primer partido de fútbol disputado en Argentina, que a su vez fue el primero en América del Sur. Con la participación de inmigrantes ingleses, se realizó un encuentro, organizado por el Buenos Ayres Football Club, en los terrenos donde hoy está el Planetario de Palermo.

d Hallazgo inesperado en un cajón

1 fecundar *befruchten*
2 dar a luz *gebären*
3 el harén *Harem*
4 la hembra *Weibchen*
5 la virtud *Fähigkeit*
6 la fatiga *Erschöpfung*

**11b Responda.**

1. ¿Con qué fin van todos los años los lobos marinos a la Península de Valdés?
2. ¿Qué se ha descubierto en la Universidad de Misiones?
3. ¿Cómo se llama el escritor del que se han encontrado textos 25 años después de su muerte?
4. ¿Dónde se jugó el primer partido de fútbol en Latinoamérica?

# 12 LA ESCUELA DE LA VIDA

## Una vez más

### Vocabulario

**1** **Complete con la preposición correcta en caso de que sea necesaria.**

adaptarse ____________ los horarios de comida

pensar ____________ las vacaciones

relajarse ____________ las instalaciones

apuntarse ____________ un tratamiento

burlarse ____________ alguien

callejear ____________ el casco antiguo

poner

____________ la mesa

____________ mala cara

____________ peligro

____________ mal humor

ponerse

____________ la ropa

____________ acuerdo sobre algo

____________ pie

____________ nervioso

volver

____________ la oficina a las 8 (*ins Büro*)

____________ trabajar esta tarde (*wieder*)

____________ las 10 (*vor*)

____________ avión

____________ pie

llegar

____________ ser un artista famoso

____________ los Pirineos (*in*)

____________ la carretera

____________ las 7 ____________ la tarde

____________ el segundo piso (*bis*)

salir

____________ casa (*von*)

____________ la puerta (*durch*)

____________ tapas

### Gramática

**2** La *netiqueta*. **Complete con el tiempo y modo correctos.**

La palabra *netiqueta* ____________ (1. provenir) del francés *étiquette* (buena educación) y del inglés *net* (red) y se ____________ (2. utilizar) para las normas de comportamiento en Internet. El objetivo es evitar malentendidos o actos que ____________ (3. poder) molestar. Aquí algunas normas para el correo:

**Presentación:** No ____________ (**4.** escribir / usted) los textos en mayúscula. Se ____________ (**5.** poder) interpretar como que es usted agresivo o que está enfadado. ____________ (**6.** ser / usted ) amable.

**Asunto:** Es importante que ____________ (**7.** indicar / usted) el tema para que el que lo reciba pueda determinar sus prioridades.

**Listas de distribución:** En caso de que ____________ (**8.** enviar / usted ) un mismo correo a muchas personas –especialmente cuando estas no se ____________ (**9.** conocer) entre sí–, ____________ (**10.** poner / usted) su dirección en destinatario y ____________ (**11.** ocultar / usted) las direcciones.

**Confirmación:** No es bueno que ____________ (**12.** solicitar / usted) confirmación de lectura, pues se considera de mala educación.

**Texto:** Es aconsejable que ____________ (**13.** ordenar / usted) las ideas en un borrador antes de escribir el texto. ____________ (**14.** corregir / usted) las faltas de ortografía.

**Saludos:** Es recomendable que ____________ (**15.** saludar / usted) antes del mensaje y que ____________ (**16.** despedirse) como en una carta. ____________ (**17.** Añadir) al final del mensaje unas líneas con sus datos de contacto.

**Archivos adjuntos:** Se recomienda que los archivos no ____________ (**18.** ser) muy grandes. En caso de que el archivo ____________ (**19.** ser) muy grande, es aconsejable que ____________ (**20.** escribir) un correo separado indicando el número de archivos.

**3** **¿Qué dicen? Ponga en estilo indirecto.**

1. David: «Haré los deberes más tarde.»
2. Marina: «Empiezo el cole a las 10 de la mañana.»
3. Juan (a Elena): «¡Déjame tu bicicleta, por favor!»
4. Felipe: «El fin de semana he ido al zoo con mis padres.»
5. Luisa (a usted): «¿Dónde está mi libro de Matemáticas? ¿Lo tienes tú?»

# Vocabulario

5a ⇨ **4** **Una palabra, dos significados. Traduzca.**

| | | |
|---|---|---|
| Ejemplo: la educación | Erziehung | Bildung |
| 1. **enseñar** la ciudad / español | ____________ | beibringen, lehren |
| 2. **estudiar** en la universidad / en el instituto | ____________ | ____________ |
| 3. **aprobar** una ley / un examen | ____________ | ____________ |
| 4. **la chuleta** para comer / para copiar | ____________ | ____________ |
| 5. **suspender** el partido / un examen | ____________ | ____________ |

10 ⇒ **5** **Complete con la palabra que falta.**

copiar – franquismo – perdido – ortografía – chuleta – formación continua – confesó – Derecho

1. Cecilia ha cometido muchas faltas de ________________ en el dictado.
2. Mañana voy a ver un programa sobre la ________________ en Alemania.
3. Ayer Sonia hizo una ________________ para el examen.
4. La verdad es que estoy ________________ sin un mapa.
5. Sara ________________ que había copiado en el examen.
6. Hablaron de la época del ________________.
7. Los estudiantes saben que no se puede ________________.
8. Mi hermana estudia tercero de ________________.

# Gramática

**6** **Vuelva a leer el ejercicio número 2. Comunique ahora a su compañero/-a lo más importante.**
8 ⇒

El otro día leí un artículo muy interesante que hablaba de las normas de comportamiento en Internet. Decía que ...

**7a** **Marta habla con su amiga Marisa. Lea las frases.**

1 Hoy tengo que ir a clase de francés. Acompáñame, por favor.

2 En junio iré a Cuba de vacaciones. ¿Vienes conmigo?

3 La semana pasada empecé un curso de chino.

4 Había comprado entradas para el concierto pero me puse enferma y no pude ir.

5 En el cole me gustaban mucho las Matemáticas.

6 Quizás haya ganado el gordo de la lotería.

7 Yo te recomiendo que termines tu carrera.

**7b** **Usted es Marisa. Escriba lo que le ha dicho Marta. Utilice las siguientes expresiones:**

1. Marta me dijo ...; 2. me preguntó ...; 3. me comentó ...; 4. me contó ...; 5. afirmó ...; 6. creía ...; 7. me recomendó ...

## 8a Correo inesperado. Complete.

clase · arte · desde · evitar · política · academia · vino · iglesia · educación

iglesia románica de San Cipriano

Vega de Toro con el río Duero

nidos de cigüeñas

Mail Archivo Edición Listado Buzón Mensaje Formato Ventana Ayuda
Mensaje nuevo
Enviar Dirección Adjuntar Tipo de letra Borrador Imprimir
Para:
Asunto:

¡Hola, Pedro!

Como ves te escribo __________ (1.) Zamora. Una amiga zamorana me ha invitado y aquí estoy. Al final me he apuntado a una __________ (2.) para perfeccionar el español. La profesora es muy simpática y trabaja muy bien. Hablamos mucho en __________ (3.) sobre España, las costumbres, la __________ (4.), las diferencias de comportamiento, etc., pero también sobre economía y __________ (5.), que me interesan mucho. A veces es importante saber cómo es la mentalidad en otros países para __________ (6.) malentendidos. Pero tú ya lo sabes porque vives en Alemania, ¿no? Por ahora hace muy buen tiempo y lo disfrutamos en las terrazas con una copita de __________ (7.). ¡De Toro, naturalmente! ☺ Es buenísimo. Zamora es una ciudad pequeña y se puede ir a todos los sitios a pie. Para mí, que me gusta caminar, es muy agradable. Y si te gusta el __________ (8.) románico tienes que venir. Ayer estuvimos paseando por el casco antiguo y tomando unas tapas cerca del río. Nunca he visto tantos nidos de cigüeña. En cada __________ (9.) hay por lo menos uno, y en algunas hasta tres o cuatro. Mañana iremos a ver algunos pueblos de los alrededores. Bueno, por hoy nada más.

Un abrazo, *Kerstin*

## 8b Cuente a un amigo común lo más importante del correo recibido.

6 ⇨

¿Sabes? Ayer me llegó un correo de Kerstin. Está en Zamora y escribió ...

**9** 11 ⇨ **Haga frases con volverse, ponerse o hacerse.**

1. Julio – muy agresivo (desde que trabaja en el banco)
2. María – roja (al ver a Pepe)
3. Noemí – enferma (tiene fiebre y tos)
4. Victoria – blanca (al leer la noticia)
5. Juan – muy independiente
6. El profesor – muy exigente (desde que volvió de las vacaciones)

# Comunicación

11 ⇨ **10** **Complete.**

se han hecho – se ha vuelto – te has vuelto – me he puesto – se ha hecho – ponerte

1. ______________________ a aprender italiano para entender a la gente en mis vacaciones.
2. No tienes que ______________________ nervioso. Has estudiado mucho y el examen no es difícil.
3. Desde el accidente, Lidia ______________________ muy miedosa.
4. Se ha decidido y ______________________ musulmán.
5. En cinco años nuestros vecinos, con unos negocios un poco raros, ______________________ millonarios.
6. Oye, Julia, desde que estás en la universidad ______________________ muy responsable.

13 ⇨ **11** **Relacione las preguntas con las respuestas.**

1. ¿Sabías que en España todos los niños tienen derecho a una educación gratuita?
2. ¿Qué es la ESO?
3. ¿Hay mucho paro en España?
4. ¿Volverías a hacer las prácticas en La Paz?
5. ¿Qué estudias?
6. ¿Piensas que es importante el saber?

a) Matemáticas.
b) Sí. La experiencia de vivir sola en un país extranjero fue excelente.
c) ¿De verdad? Me parece muy bien que todos tengan las mismas oportunidades.
d) Sí, desde luego. En mi país además se dice «El saber no ocupa lugar».
e) Es la Enseñanza Secundaria Obligatoria.
f) Sí. España generó de febrero de 2008 a febrero de 2009 la mitad de los parados de Europa.

# Lectura y redacción

**12a** La buena educación. **Responda.**

1. ¿Qué es para usted una «buena educación»?
2. ¿Dónde se aprende?
3. ¿Es importante en la vida privada? ¿Y en el mundo laboral? ¿Por qué?
4. ¿Qué normas de buena educación se deben conocer?
5. ¿Qué normas son importantes en el mundo laboral?

**12b** **Lea el artículo y subraye las informaciones más importantes.**

## La importancia del protocolo en los negocios

Cada vez son más las empresas que tienen relaciones comerciales internacionales. Por eso ha surgido la necesidad de conocer las normas de comportamiento y de buenas maneras de otros países. El buen comportamiento no vende, pero facilita la relación entre las personas. Aunque uno no consiga hoy hacer un negocio, sin embargo puede evitar que una palabra o un mal gesto lo estropee para el futuro. Por eso cada día aparecen más cursos de protocolo para empresas.

Eurocom, una escuela de negocios de Madrid, organiza cursos de protocolo empresarial, en los que los participantes aprenden a cuidar la imagen de la compañía y desarrollan las habilidades sociales necesarias para dar una buena imagen de la empresa.

El protocolo en la empresa no se limita a organizar las mesas en las comidas de negocios, sino que también hay que evitar que se actúe contra las normas o costumbres locales. Por ejemplo, en China es de muy mal gusto regalar un paraguas, algo que muchas empresas tienen en su catálogo de obsequios.

El teléfono y los correos electrónicos son dos de las puertas de entrada que pueden continuar cerradas si la persona no tiene la habilidad necesaria para utilizarlos correctamente.

Y, por último, pero igual de importante, las buenas maneras deben practicarse también en la misma empresa. Trate con respeto y educación a sus compañeros.

Los expertos en protocolo están convencidos de que, en ocasiones, un buen detalle a tiempo puede impactar más que un buen balance.

**12c** **Escriba un resumen del texto.**

# AUTOEVALUACIÓN

## Vocabulario

**1** Relacione las palabras con los temas.

1 salud y belleza

2 animales

3 naturaleza

4 fiestas y tradiciones

5 política y economía

6 educación

☐ el gobierno ☐ el dolor ☐ la formación ☐ hacer montañismo ☐ el carnaval
☐ la fisioterapia ☐ aprobar ☐ el cocodrilo ☐ la inundación ☐ el ecoturismo
☐ el gimnasio ☐ la catástrofe natural ☐ la canciller federal ☐ el río
☐ en peligro de extinción ☐ la mascota ☐ el león ☐ el perro ☐ el merengue
☐ la orquesta ☐ gobernar ☐ el Año Nuevo ☐ la mano de obra ☐ el conocimiento
☐ suspender ☐ adelgazar ☐ el golpe de estado ☐ el síntoma ☐ el sedentarismo
☐ ser ignorante ☐ el genio ☐ la clase media ☐ el diagnóstico ☐ la dieta ☐ la dictadura

**2** Traduzca.

1. a base de
2. a menudo
3. por algo
4. deberse a
5. cerca de
6. ¡Justo!
7. de una vez
8. ya que
9. por igual
10. a eso de las 5

**3** ¿Cómo es el contrario?

1. ventaja
2. aburrimiento
3. animarse
4. pena
5. salud
6. castigo
7. limpieza
8. riqueza
9. fealdad
10. guerra
11. fiel
12. seguridad

# Gramática

**4** **Explique por qué se usa indicativo o subjuntivo en las siguientes frases.**

1. a Busco un piso que esté en el centro y que tenga tres habitaciones.
   b Tengo un piso que está en las afueras y tiene dos habitaciones.
2. a Cuando tengo tiempo, voy a la piscina.
   b Cuando tenga tiempo, voy a ir a la piscina.
3. a Me parece que van a subir los precios otra vez.
   b Me parece mal que suban los precios otra vez.
4. a El señor García dice que llama más tarde.
   b El señor García dice que llame más tarde.
5. a Aunque estoy bastante cansado, voy a salir esta noche.
   b Aunque esté bastante cansado, voy a salir esta noche.

**5** **Complete las frases con la preposición adecuada.**

1. + ¿A qué hora llegas ________________ Madrid?
   – A las 9 ________________ la noche.
2. + ¿Qué van a tomar?
   – ________________ mí, una caña y un bocadillo ________________ jamón, por favor.
3. + ¡Muchas gracias ________________ tu ayuda! No sé qué hubiera hecho sin ti ...
   – De nada, ________________ eso están los amigos, ¿no?
4. + ¡Nuria! Es una llamada ________________ ti. ¿Puedes venir un momento?
   – Sí, un momento, ya voy. ¿Quién es?
   + No sé, pero ha preguntado ________________ ti.
5. + Estoy chateando ________________ un amigo ________________ México.
   – ¿Y ________________ qué habláis en el chat?
6. + ¿Vives en Santo Domingo ________________ hace mucho tiempo?
   – Sí, desde hace más ________________ ocho años.

**6** **¿Qué han dicho las personas? Escriba en estilo directo.**

1. Lidia me ha preguntado si tengo ganas de ir con ella a un balneario este fin de semana.
2. Juan me dijo ayer que no entrara a ver esa película, que era malísima.
3. Alberto me contó que había estado en México cuando pasó el huracán.
4. Marina me ha escrito desde Uruguay. Dice que es un país maravilloso.
5. Isabel dice que el Gobierno de su país ni intentó en el pasado ni intenta en el presente solucionar los problemas más graves.
6. Javier me aseguró que llegaría puntual a la cena.
7. Luis me preguntó si había probado alguna vez el mate y si me gustaba.
8. Jaime me dijo que lo fuera a ver a Fuerteventura.

# Comunicación

**7** **Combine y forme frases con sentido.**

| | |
|---|---|
| Si se hubiera informado bien 1 | a se ha vuelto muy antipático. |
| No deberías tomar agua 2 | b nunca se cambiaría de trabajo. |
| Desde que es jefe 3 | c las islas Galápagos haya pingüinos. |
| Aunque gana poco, 4 | d no habría venido a este hotel. |
| Es increíble que en 5 | e del grifo. Puede ser peligroso. |

**8** **¿Qué dice en estas situaciones? Marque la respuesta adecuada.**

1. La tecnología cambia nuestras vidas a peor, nos hace menos humanos, ¿verdad?
   a Pues yo no me acuerdo de eso. b Pues yo no estoy de acuerdo con eso.
2. ¿Y qué tal te va en tu nuevo trabajo?
   a Muy bien. Y además gano más que antes. b Muy bien. Y además gasto más que antes.
3. ¿Cómo es tu nivel de alemán?
   a Bastante bueno, creo. b Bastante bien, creo.
4. Bueno, y ¿qué te pareció el libro? ¿Te gustó?
   a No, me pareció un rollo. b Sí, me pareció un encanto.
5. ¿Qué ciudad es más grande, Madrid o Barcelona?
   a Madrid es mejor. b Madrid es mayor.

# Lectura y redacción

**9** **Lea las siguientes opiniones y adivine a qué texto de este libro se refieren.**

1. A mí me parece que la situación en Alemania es parecida: hay muchos jóvenes que después de los estudios universitarios hacen voluntariados y una práctica tras otra. Tampoco ganan más de mil euros y algunos incluso no reciben ningún sueldo . Es «la generación de las prácticas».
2. A decir verdad, yo tampoco pensé nunca que el sedentarismo, la obesidad y el retraso en la edad de la maternidad pudieran ser posibles causas de la enfermedad. Y me sorprende también que enfermen tantos niños menores de cinco años.
3. En Alemania es muy diferente. Poca gente compra bolsas de plástico. Además cuestan. La mayoría de la gente lleva su propia bolsa de tela o una mochila cuando va a comprar. Pero claro, para la basura yo también compro bolsas de plástico.
4. En mi opinión, la cantidad de información que recibimos es tan grande que cuando leemos, lo hacemos de una forma superficial, leemos «por encima» y saltando de un tema a otro. Por eso, yo creo que reflexionamos mucho menos sobre lo que leemos. Además, leer en la red para mí es agotador, en vez de relajarme, me inquieta. Es un esfuerzo, en vez de un placer.

# SOLUCIONES

## 1 CAMBIOS QUE NOS CAMBIAN

**1** 1. agricultura – cosecha; 2. inmigrante – extranjero; 3. guerra – paz; 4. población – habitantes; 5. democracia – política; 6. educación – escuelas; 7. moneda – euro

**2** 1. se llamaba; 2. era; 3. creó; 4. quería; 5. decía; 6. se sentía; 7. quería; 8. dejó; 9. se convirtió; 10. creció; 11. se fue; 12. empezó

**3** **Paco:** 1. hacer la compra; 2. llevar a los niños al cole; 3. lavar los platos; 4. cuestiones financieras
**Araceli:** 1. planchar; 2. cocinar para la familia; 3. limpiar toda la casa

**4** desarrollar – desarrollo; solucionar – solución; contaminar – contaminación; reciclar – reciclaje; consumir – consumo; permitir – permiso; gobernar – gobierno; modernizar – modernización

**5** 1. consumir; 2. contaminación; 3. consumo; 4. desarrollo; 5. reciclaje; 6. solución; 7. permiten; 8. gobiernos, desarrollar

**6** desde; desde hace; todavía; hace; desde que; ya no; hace; desde

**7** 1. he ido; 2. han dado; 3. traduje; 4. he pedido; 5. había ido; 6. nacieron; 7. se expandieron; 8. ha hecho

**8a** **Foro 1:** Otro mundo es posible. **Foro 2:** La tecnología cambia nuestras vidas ... ¿a mejor o peor? Es la cruz del tema.

**9a** 1. correo electrónico; 2. mando a distancia; 3. cojín de aire

**10** 1. verdadero; 2. falso; 3. verdadero; 4. falso; 5. falso

## 2 LA GENERACIÓN «MILEURISTA»

**1** **salud:** enfermedad, dolor, resfriado, sano, seguro, médico, pastilla, paciente, sida
**dinero:** moneda, tarjeta, euro, ahorrar, precio, regatear, cambiar, cuenta, impuesto
**amor:** enamorarse, amante, mal de amores, novio/-a, caricia, besar, pareja, sexo, casarse

**2** 1. tengas; 2. den; 3. sea; 4. pases; 5. haga; 6. disfrutes

**3**
1. En marzo me gustaría **hacer** un viaje por México.
2. Me gustaría **recorrer** el país en un hotel-caravana.
3. Hoy voy a llamar al organizador del viaje «A través de México» para que me **informe** de todo: horarios, precios, programas, etc.
4. Pero para poder **hacer** el viaje, tengo que **ahorrar** un poco.
5. Espero **ver** mucho del país y que me **guste** la experiencia de dormir dos semanas en un hotel sobre ruedas.

**4** 1. Sergio está contento.; 2. Carlos y Rosa están tristes.; 3. Manuela está harta.; 4. Luis está preocupado.; 5. Elena está nerviosa.; 6. Mercedes y Andrés están enfadados.

**5a** 1. el lugar de trabajo; 2. el sueldo; 3. hacer unas prácticas; 4. el puesto de trabajo; 5. los compañeros del trabajo; 6. el paro; 7. la jubilación; 8. la experiencia; 9. el contrato; 10. ganar; 11. la formación; 12. el empleado

**6a** 1. esperanza; 2. tristeza; 3. celos; 4. tolerancia; 5. pena; 6. asco; 7. comprensión; 8. aburrimiento; 9. risa; 10. odio; 11. miedo; 12. deseo; 13. valor

**6b** 1. esperanza; 2. celos; 3. infiel; 4. risa; 5. mal humor; 6. valor; 7. comprensión

**7** 1. empiecen; 2. dé; 3. canten; 4. traiga, haga; 5. regale

**8** **Formas correctas:** 1. estés, hayas vuelto; 2. hayas perdido, encuentres, separemos, haya

**9c** Lösungsvorschlag: La jefa quiere que **organice** una reunión. Luis y Alicia esperan que **prepare** café para todos. Carmen quiere que Markus **vea** el edificio y su lugar de trabajo. Carolina espera que **vaya** a conocer / **conozca** a sus compañeros. Julia propone que **coman** juntos. La jefa quiere que Markus **vaya** a su despacho. Pablo le aconseja que **entre** en el ordenador e intente aprender el programa. Luis quiere que **mande** algo por fax. La jefa espera que le **lleve** el informe del señor López.

**10** 1. a; 2. b; 3. c

**11** 1. falso: la inventó una española, Carolina Alguacil, joven de 27 años cuya profesión no se cita en el texto; 2. verdadero; 3. falso: vive en pisos compartidos; 4. verdadero; 5. verdadero; 6. falso: piensa que a veces es divertido pero ya cansa; 7. falso: dice que los alquileres son parecidos, pero los sueldos no.

## 3 CONTRATIEMPOS

**1** 1. DNI; 2. protector solar; 3. el seguro médico; 4. cuidar, recoger; 5. guía; 6. zapatillas; 7. equipaje, mochila; 8. frigorífico, basura

**2** 1. por, por; 2. por, Para; 3. por, para; 4. para, Por, por

**4** 1. ha estropeado; 2. cerrajero, cobrado; 3. conseguiste, la cola; 4. robó, disgusto, cancelar

**5** **Correctas:** 1. a, b; 2. a, b; 3. a, b; 4. a, c; 5. a, c; 6. b, c; 7. a, b; 8. a, b

**6** 1. pongamos; 2. deje; 3. vuelva; 4. entre, mire; 5. tenga; 6. paguen, tener; 7. llamen; 8. salgan; 9. coja; 10. sea; 11. salga

**7** 1. tomen; 2. protejan; 3. recupere; 4. suban; 5. haya, baje

**8** Lösungsvorschlag: No me gusta que mi novio no **escuche** cuando le cuento algo importante.; Me encanta que mi mujer me **lleve** el desayuno a la cama los domingos.; No me importa que los niños me **llamen** al trabajo.; Me da igual que mi amigo **prefiera** ver un partido de fútbol a ir de compras.; Me molesta que los vecinos **hagan** ruido a todas horas.; Me da rabia que no **haya** aparcamiento en ningún sitio y **tardar** una hora en encontrar un sitio para dejar el coche.; Me pone de mal humor que mi marido se **ponga** celoso cuando hablo con sus amigos.; Me molesta que la gente **coma** palomitas en el cine.; Me pone de mal humor que haya anuncios más de un cuarto de hora cuando hay una peli interesante.

**10b**
1. Once millones de españoles sufren mal clima laboral.
2. La manera en la que actuamos con nuestros compañeros de trabajo dice mucho acerca de una relación mucho más profunda y que es la causante de todos y cada uno de nuestros conflictos laborales: la relación que tenemos con nosotros mismos. En realidad, no vemos a los demás como son, sino como somos nosotros.
3. En vez de señalar a los demás como los responsables de nuestros problemas, debemos mirar en nuestro interior para encontrar la solución que andamos buscando.
4. ¿Qué es lo que realmente puede hacer usted para cambiar su relación con sus compañeros de trabajo? Cambiarse a sí mismo.

5. Si quieres que los demás te acepten como eres, lo mejor que puedes hacer es empezar por aceptar a los demás tal como son.

## 4 SALUD Y BELLEZA

**1** 1. cabeza; 2. brazo; 3. pierna; 4. oreja; 5. mano; 6. pie

**2** tragando, traga, trague; comiendo, come, coma; leyendo, lee, lea; diciendo, di, diga; yendo, ve, vaya; poniendo, pon, ponga; siguiendo, sigue, siga; oyendo, oye, oiga; durmiendo, duerme, duerma; conduciendo, conduce, conduzca; saliendo, sal, salga

**3** 1. belleza; 2. masaje; 3. monasterios; 4. formación; 5. sauna; 6. cualificados; 7. cabina; 8. fisioterapia; 9. sedentaria; 10. apuntado

**4** 2. Haced el ejercicio, No hagáis el ejercicio; 3. Levantaos pronto, No os levantéis pronto; 4. Llevad una vida sana, No llevéis una vida sana; 5. Sentaos en el suelo, No os sentéis en el suelo; 6. Salid a dar un paseo, No salgáis a dar un paseo; 7. Acostaos después de las noticias, No os acostéis después de las noticias; 8. Repetid el ejercicio, No repitáis el ejercicio; 9. Apuntaos al curso de taichí, No os apuntéis al curso de taichí.

**5** 1. cómpra**le**, Cómpra**selo**; 2. se la; 3. te lo; 4. siénta**te**, cuénta**nos**; 5. Nos la, se la; 6. la; 7. les; 8. te lo, Enséña**melo**

**6** 1. Marina **sigue practicando** deportes acuáticos. 2. Miguel **lleva** cinco años **haciendo** una vida sedentaria. 3. Mi madre **lleva** dos meses **trabajando** en la Seguridad Social. 4. **Estaba relajándome** en la sauna cuando me llamó Lidia. 5. **Llevo** un mes **yendo** a clases de yoga. 6. Ayer llamé a Juan a las diez de la noche, pero no me cogió el teléfono. **¿Estaría durmiendo?**

**7** dejado; Estoy; empiezo; hay; vuelto; Tengo; Sigues; Llevo

**8** 1. h; 2. a; 3. b; 4. c; 5. d; 6. e; 7. f; 8. g

**9**
1. La diabetes infantil tipo 1 ha aumentado casi en un 4 % en los últimos cinco años.
2. El aumento se observa especialmente en los menores de cinco años.
3. Se sospecha de muchos factores, como el sobrepeso, el retraso en la edad de maternidad y el sedentarismo.
4. Los síntomas son: pérdida de peso injustificada, sed, ganas de orinar frecuentes y cansancio.
5. Los pilares en el control de la diabetes son el tratamiento con insulina, la dieta y el ejercicio físico.
6. Se han firmado acuerdos para que profesionales sanitarios atiendan a estos niños en la escuela.

## 5 COMPAÑEROS DE PLANETA

**1** 1. perro; 2. gato; 3. ratón; 4. caballo; 5. tigre; 6. pollo; 7. salmón; 8. medusa; 9. lobo; 10. pulpo

**3** 1. conseguir; 2. llegue; 3. hayas aprobado; 4. tener; 5. haya cerrado; 6. poder; 7. haya olvidado; 8. vayamos; 9. trabaje; 10. vayáis

**4** **indicativo:** es verdad que, está claro que, es cierto que, creo que
**subjuntivo:** es importante que, está mal que, es imposible que, es conveniente que, prefiero que, me preocupa que, me encanta que, lamento que, es extraño que, deseo que

**5** cocodrilo, águila, llama, pingüino, zorro, serpiente, león, orangután, vaca, cabra, oveja, cerdo, burro, gallo

**6** Lösungsvorschlag: **fuerza:** el burro / el león; **inteligencia:** el lince; **libertad:** el león / el gato; **elegancia:** el gato; **tranquilidad:** el perro; **peligro:** el cocodrilo / el león

**7** **1.** doméstico; **2.** peor; **3.** rápido; **4.** infiel; **5.** enemigo; **6.** inteligente

**8** **1.** frecuentemente; **2.** de repente; **3.** a veces; **4.** pena; **5.** quizás; **6.** la computadora; **7.** la planta; **8.** el auto

**9** **ARCA:** Asistencia a la Reproducción y Conservación Animal; **ONG:** Organización No Gubernamental; **ONU:** Organización de las Naciones Unidas; **UE:** Unión Europea

**10** **1.** trabajan; **2.** trabaje; **3.** trabajé; **4.** necesitan/necesitarían; **5.** sea, se puedan; **6.** hace

**11** **1.** tocará; **2.** vaya; **3.** sean; **4.** gusta; **5.** pruebe; **6.** necesitan; **7.** prefieren; **8.** viaja, es; **9.** sea; **10.** compre

**12** **1.** ¿Qué día es hoy?; **2.** ¿A qué hora es la reunión?; **3.** Las Galápagos son ideales para gente que quiere observar cómo viven los animales en su medio ambiente.; **4.** ¿De qué región española es el símbolo un burro?; **5.** ¿En qué piso está el despacho del jefe?; **6.** A los perros no les gusta estar solos en casa.; **7.** ¿Dónde está el parque natural que te gustó tanto?; **8.** Entre los animales en peligro de extinción está el lince.

**13** **1.** lince ibérico; **2.** oso polar; **3.** lobos marinos; **4.** corrientes marinas; **5.** selección natural; **6.** peligro de extinción; **7.** calentamiento de la tierra; **8.** material genético; **9.** atención veterinaria; **10.** ambiente óptimo; **11.** refugio de piratas; **12.** cazadores de ballenas

**14** **1.** La oveja; **2.** La cultura sedentaria; **3.** La carne; **4.** Domésticos; **5.** Lösungvorschlag: Es un animal que vive con la familia, por ejemplo un gato, un perro, un periquito. / Es un animal doméstico. Por ejemplo, un gato, un perro, un periquito.; **6.** El toro; **7.** El cocodrilo; **8.** El tigre

**15** **1.** falso; **2.** verdadero; **3.** verdadero; **4.** falso; **5.** verdadero

## 6 NATURALEZA EN PELIGRO

**1** **1.** montaña; **2.** lago; **3.** bosque; **4.** desierto; **5.** río, **6.** ciudad; **7.** pueblo; **8.** carretera; **9.** autopista; **10.** puente; **11.** playa; **12.** puerto; **13.** mar

**2** **1.** es; **2.** sea; **3.** pueda; **4.** utilicen; **5.** llegue; **6.** tenga; **7.** envíes; **8.** venga

**3** senkrecht: alud, incendio, granizada; waagerecht: terremoto, huracán, tormenta, inundación

**4** **1.** ponerse negro el cielo; **2.** levantarse el viento; **3.** atravesar el tornado la isla; **4.** destruir casas; **5.** tumbar coches y autobuses; **6.** causar miles de heridos

**5** **1.** Antes; **2.** después de; **3.** Antes de; **4.** Después de; **5.** Después; **6.** Antes de que; **7.** Antes; **8.** Después de; **9.** Antes de que

**6** **1.** enteré; **2.** luchen; **3.** prohiban; **4.** destruyan; **5.** exploten; **6.** destruyan; **7.** luchaban; **8.** lucha

**7** **1.** Cuando voy al bosque me relajo.; **2.** Cuando vaya a Perú iré a Machu Picchu.; **3.** Cuando se produjo la catástrofe yo estaba de vacaciones allí.; **4.** Mientras Maria visitaba la ciudad yo hice senderismo. **5.** Mientras no cese la lluvia no se podrán calcular los daños causados. **6.** Cuando vamos de vacaciones intentamos hacer ecoturismo.; **7.** Trabajó en una mina cuando vivía en Bolivia.; **8.** Siempre que voy a Bilbao a visitar a mi hermana llueve.; **9.** Mientras viva aquí no permitiré que se tiren los residuos en la naturaleza.

**8** 1. b huracán; **2.** c incendio; **3.** a inundación

**9** Lösungsvorschlag:
1. Los motivos son: tardan mucho tiempo en desaparecer, contribuyen a la muerte de miles de animales y contaminan los océanos.
2. En San Francisco, China y Singapur se ha prohibido el uso de bolsas de plástico, en Irlanda se cobra un impuesto por bolsa.
3. Usamos de media 238 bolsas.
4. La bolsa degradable encarecería la cesta de la compra.
5. El problema es que muchas de las fábricas están limitadas a sus maquinarias y no siempre se pueden amoldar a una bolsa nueva.
6. Soluciones: bolsas reutilizables para 15 usos que después sirvan para el cubo de la basura y terminen en el contenedor amarillo.
7. La producción de bolsas de plástico se ha reducido por la importación de países como Malasia o Tailandia.

## 7 ¿NOS ENTENDEMOS?

**1** 1. caribeña; **2.** europeos; **3.** estadounidenses; **4.** mexicana; **5.** portugués; **6.** españolas; **7.** alemanes

**2**
1. Isabel y Lucas **disfrutan de** unos días de tranquilidad en el campo.
2. Mi novio y yo **nos cambiamos de** casa la semana que viene.
3. ¿Tú **te acuerdas de** la fiesta de cumpleaños de Alicia?
4. Yolanda **se casa con** Luis este verano.
5. Irene **se enamora de** un chico nuevo todos los veranos.
6. Esta tarde, yo **me encuentro con** una persona muy especial.
7. Matías **depende de** sus padres económicamente.
8. Los niños **juegan a** la pelota en el jardín.
9. Sara se **dedica a** los negocios.
10. Mis padres **se preocupan por** mi futuro.
11. La película **trata de** una historia real.
12. Félix **sueña con** vivir en el extranjero.

**3a** Sprache: la lengua / el idioma; offizielle Sprache: la lengua oficial; Muttersprache: la lengua materna; Spanischsprechende: el/la hispanohablante; Muttersprachler: el/la hablante nativo/-a; zweisprachig: bilingüe; Dialekt: el dialecto; Fremdsprache: la lengua extranjera; Umgangssprache: la lengua coloquial; Körpersprache: el lenguaje corporal / la lengua no verbal; Akzent: el acento; Variante: la variante

**3b** 1. lengua; **2.** lengua oficial; **3.** bilingües; **4.** dialecto; **5.** hispanohablantes, variante; **6.** acento; **7.** lengua coloquial; **8.** lengua materna.

**4** 1. debe de estar; **2.** se puso a llover; **3.** acabado de leer; **4.** estuve por decirle; **5.** he dejado de salir con él; **6.** está por hacer.

**5** Lösungsvorschlag:
1. ¡Me lo habrán robado! / Se lo habrá llevado la grúa ...
2. Habrá tenido algún accidente. / Se habrá ido de copas con las amigas y no sabrá qué hora es ...
3. Se habrá llevado un disgusto. / Habrá discutido con su novio / con una amiga ...
4. Su novio se habrá olvidado de que hoy es su cumpleaños. / Su novio no sabrá en qué día vive.

**6** 1. ¿Cómo es su/tu nivel de español?; **2.** ¿Qué variante prefiere/s?; **3.** ¿Cuál es la mejor manera de aprender una lengua?; **4.** ¿Qué hace/s cuando en una conversación con hispanohablantes no entiende/s bien?; **5.** ¿Le/Te molesta cometer errores?; **6.** ¿Conoce/s alguna palabra típica de México?

**7b** 1. a; 2. b; 3. a; 4. b; 5. b; 6. a; 7. a; 8. a; 9. a; 10. b

## 8 ESTE LIBRO VALE LA PENA

**1a** 1. dibujos animados; 2. anuncio; 3. horario; 4. publicidad; 5. presentador

**2** llevó; ha convertido; subió; empezó; dedicó; ofrecieron; Crecí; quedaba; ha sido; dijo

**3** 1. cuento; 2. novela policiaca; 3. libro de autoayuda; 4. biografía; 5. libro de cocina; 6. libro de texto

**4** 1. librería; 2. autor; 3. lectura; 4. traductor; 5. feria; 6. lector; 7. librero; 8. edición; 9. narrador; 10. publicar; 11. publicación; 12. obra; 13. editorial

**5** 1. gana; 2. adquieren; 3. consigue; 4. aprenden; 5. mejora; 6. satisfacen; 7. consiguen; 8. eligen.

**6** 1. fue suspendida; 2. fue inaugurada; 3. se dedicó; 4. se leían; 5. fueron presentadas; 6. se vendían; 7. fue considerado; 8. se desarrollaron; 9. fue concedido

**8** Lösungsvorschlag:
1. Son narradores orales.
2. En encuentros, festivales y coloquios, en teatros, cafés-teatro, bares, universidades y bibliotecas.
3. A la gente que quiere escuchar cuentos y a la que quiere aprender a contarlos con el ritmo, la voz y los gestos adecuados. Así como a profesores que quieren fomentar la lectura en clase.
4. La palabra cura, puede dar la vida y quitarla. Lo oral estimula lo escrito.
5. La tradición oral en América Latina es muy rica, es el resultado de tres sociedades históricamente orales: la indígena, la africana y la criolla.

## 9 DE MADRID AL CIELO

**1** 1. estación de metro; 2. billete; 3. centro de ciudad; 4. cajero automático; 5. salida; 6. estación de autobuses

**2** **Palabras con acento:** 1. América, mudó, contaminación, países, fenómeno; 2. deberán; 3. combinarán, también, diseñarán; 4. anunció, desaparición, metrópolis; 5. están, diversión, además, 6. Según, población, histórico, atracción, turísticas, públicos; 7. será, habrá, más, recreación, aumentará, estarán, más

**3** 1. los barrios; 2. el casco antiguo; 3. los alrededores; 4. la atracción turística; 5. la vida nocturna; 6. los comercios lujosos; 7. los rascacielos; 8. la sede; 9. callejear; 10. el estadio de fútbol

**4** Lösungsvorschlag: 2. Si Madrid tuviera mar, sería una ciudad perfecta.; 3. Si hablara bien español, entendería mejor a la gente en España y en Hispanoamérica; 4. Si pudiera quedarme más tiempo en Madrid, sería estupendo.; 5. Si mi novio y yo no tuviéramos trabajo en Alemania, buscaríamos en otro país.; 6. Si las tiendas del barrio de Salamanca no fuesen tan caras, me compraría la ropa allí.; 7. Si tuviese tiempo, compraría algún recuerdo.

**5** 1. tuviera; 2. conociéramos; 3. supiera; 4. fuera; 5. estuviera

**6** 1. coja; 2. espere; 3. lleve; 4. vaya; 5. dé; 6. preste; 7. tome; 8. pase; 9. alcance

**7a** 1. Maribel **me ha preguntado por qué** no hacemos un viaje a Santander.
2. Sara **me ha dicho que llega** un poquito más tarde. **Tiene** una reunión y parece que **se va** a retrasar unos minutos.
3. Marina **me ha preguntado si le puedo** recomendar algún hotel en Madrid.
4. Paco **me ha pedido que le reserve** un billete de avión a Berlín para el sábado. **Ha dicho que** es muy urgente.
5. Daniel **me ha preguntado si sé** cómo llegar al barrio de Lavapiés.
6. La recepcionista **nos ha pedido que rellenemos** un formulario y firmemos.
7. Nuria **me ha dicho que le encanta** esta ciudad **y que le** gustaría vivir aquí por un tiempo.

**9** 1. En el centro de la plaza se encuentra la estatua de Carlos Manuel de Céspedes, Padre de la Patria e iniciador de la Guerra de Independencia contra los españoles.
2. El 16 de noviembre se celebra el aniversario de la fundación de la ciudad. Los habaneros, según la tradición, acuden a la ceiba del Templete y le dan tres vueltas pidiendo un deseo por cada vuelta.
3. La catedral es de estilo barroco. Los planos de la catedral los diseñaron los jesuitas.
4. El Gran Teatro García Lorca es conocido por ser el escenario del Ballet Nacional de Cuba, dirigido durante muchos años por la bailarina Alicia Alonso. Además por él han pasado artistas como Anna Pávlova, Victoria de los Ángeles y Enrico Carusso.
5. Es el conjunto de las fortalezas Morro-Cabaña. Guarda la entrada de la bahía de la Habana desde el siglo XVII. Fue muy importante para la defensa de la capital cubana frente a los ataques de piratas y corsarios. La Cabaña conserva una tradición muy especial: el llamado Cañonazo de las nueve. Cada día, soldados vestidos con uniforme de época disparan un cañonazo hacia el mar. En los tiempos de la colonia era para anunciar que las puertas del muro de la ciudad iban a ser cerradas y que nadie podía entrar ni salir de la ciudad.

## 10 EL CARIBE: CÓCTEL CULTURAL

**1** cambiar; traducir; incendiarse; educar; inaugurar; comentar; funcionar; acompañar

**2** a punto de: kurz davor; por igual: gleich, zu gleichen Teilen; ni siquiera: nicht einmal; a la hora: pünktlich; justo: genau; evidente: offensichtlich

**4** **presente:** introduzco, atraviesan; **indefinido:** fueron, aprobaron, detuvieron; **imperfecto de indicativo:** calentaba, dejábamos, estábamos; **presente de subjuntivo:** venga, firme, comparemos, avancemos, pertenezcáis; **condicional simple:** guardarían, sabría, consistiría, cambiaría; **imperfecto de subjuntivo:** hiciera, dividiera, introdujera, salieran, dijéramos, dieses, fuera viese, creyéramos, interrumpiésemos; **infinitivos:** introducir, atravesar, ser, aprobar, detener, calentar, dejar, venir, firmar, comparar, avanzar, pertenecer, guardar, saber, consistir, cambiar, hacer, dividir, introducir, salir, decir, creer, interrumpir.

**5** Lösungsvorschlag: **1.** ¿De cuántas personas es el español la lengua materna?; **2.** ¿Dónde se utiliza el pronombre vos?; **3.** ¿Cuál es el acento que más te gusta?; **4.** ¿Cómo se saluda en España?; **5.** ¿Cuántas lenguas se hablan en España?

**6** **1.** caribeño; **2.** merengue; **3.** hamaca; **4.** escapar; **5.** orquesta; **6.** caña de azúcar; **7.** convivir; **8.** esclavo; **9.** africano

**7** **1.** la ropa de abrigo, **2.** tener defensas / tener pereza; **3.** el agua del grifo; **4.** venir a la mente; **5.** el cóctel de culturas; **6.** el instrumento musical; **7.** los aportes culturales; **8.** la fusión de estilos; **9.** dar pereza; **10.** el jardín botánico

**8** 1. pret. indefinido, ellos/-as/ustedes; hubieran/hubiesen exportado
2. pret. indefinido, yo; hubiera/hubiese hecho
3. pres. subjuntivo e imperativo, nosotros/-as; hubiéramos/hubiésemos huido

4. pret. imperfecto, ellos/-as/ustedes; hubieran/hubiesen cambiado
5. pres. subjuntivo, yo/él/ella/usted, e imperativo usted; hubiera/hubiese oído
6. pret. imperfecto, yo/él/ella/usted; hubiera/hubiese habido
7. condicional, tú; hubieras/hubieses sabido
8. pres. subjuntivo, vosotros/-as; hubierais/hubieseis escuchado

**9**

1. Si yo hubiera/hubiese ido al carnaval, habría bailado.
2. Si nosotros hubiéramos/hubiésemos ido a Perú, habríamos ido al Machu Picchu.
3. Si Camen y yo hubiéramos/hubiésemos ido a Bolivia, habríamos visitado las ruinas de Tiwanaku.
4. Si los españoles no hubieran/hubiesen llevado el catolicismo a México, no se habrían construido iglesias y catedrales.

**11**

**1.** a; **2.** a; **3.** b; **4.** b; **5.** a

**12**

1. Juan podría habérmelo dicho.
2. Si Juan me lo hubiera/hubiese dicho, le habría prestado mi coche.
3. Tendríamos que haber ido a la fiesta.
4. Si hubiéramos/hubiésemos ido a la fiesta, habríamos conocido al presidente.
5. Tú no tendrías que haber bebido tanto vino.
6. Si no hubieras/hubieses bebido tanto, no tendrías hoy dolor de cabeza.
7. Yo tendría que haber llamado a María.
8. Si hubiera/hubiese llamado a María, ella sabría que el encuentro es importante.

**13b**

1. Se celebró en Lavapiés, el barrio multicultural de Madrid.
2. Unas doscientas personas.
3. La Asociación de Comerciantes Chinos en España y la Asociación de Vecinos La Corrala.
4. El Año del Buey. Simboliza la prosperidad obtenida a través del trabajo duro.
5. Los vasos son rojos porque el rojo es el color de la suerte.
6. Comen pastel de arroz, pollo, pescado, empanadas y dulces. El pollo entero simboliza la unión de la familia, el pescado es sinónimo de abundancia.

## 11 BAJO LA CRUZ DEL SUR

**1**

**1.** la visita guiada; **2.** el campeón de fútbol; **3.** la copa; **4.** la actriz; **5.** la estrella; **6.** la carrera; **7.** el tanguero

**2**

**1.** pidió; **2.** encontraron; **3.** hubiera/hubiese estado; **4.** había escrito; **5.** iba, **6.** sirva; **7.** habríais visto; **8.** se hayan alegrado; **9.** sabremos; **10.** haya dicho; **11.** ha puesto; **12.** saliera/saliese; **13.** tendría; **14.** fuéramos/fuésemos; **15.** vinieron; **16.** podrán; **17.** haga; **18.** leyendo; **19.** salgas; **20.** habrías subido

**3**

**1.** fui; **2.** quería; **3.** era; **4.** ofreció; **5.** dijo; **6.** tuviera/tuviese; **7.** iría; **8.** gusta; **9.** prefiere; **10.** viajaría; **11.** gustó; **12.** pasaré; **13.** combinaré

**4**

2. **Podrías haber venido** a mi casa a las ocho. **Deberías haber venido** a mi casa a las ocho. **Tendrías que haber venido** a mi casa a las ocho.
3. **Deberías haber trabajado / trabajar** menos los fines de semana. **Tendrías que haber trabajado / trabajar** menos los fines de semana.
4. **Podrías haber comprado** más fruta. **Deberías haber comprado** más fruta. **Tendrías que haber comprado** más fruta.
5. **Podrías haberte duchado** por la noche. **Deberías haberte duchado** por la noche. **Tendrías que haberte duchado** por la noche.
6. No **deberías haber tomado** café. No **tendrías que haber tomado** café.

**6** 1. la clase media; 2. el golpe de estado; 3. la dictadura militar; 4. el primer ministro; 5. ser de izquierdas; 6. el gobierno totalitario; 7. la mano de obra; 8. la reunificación alemana; 9. la cría de vacas; 10. el/la canciller federal

**7** 1. tomemos; 2. tomáramos/tomásemos; 3. tomáramos/tomásemos; 4. tomáramos/tomásemos; 5. sea; 6. fuera/fuese; 7. fuera/fuese; 8. fuera/fuese; 9. podamos; 10. pudiéramos/pudiésemos; 11. pudiéramos/pudiésemos; 12. hubiera/hubiese visto; 13. vea

**8** Formas correctas: 1. hubiera; 2. pueda; 3. conocieras; 4. organice; 5. hubiera; 6. vaya, visitaré; 7. bebía, recordaba; 8. sufriera, hubo

**9** 1. vi; 2. fue nominada; 3. se llamaba; 4. Les **pedí** a mis amigos que la **vieran** conmigo.; 5. Quería, tenían; 6. Ayer **comprendí** que el humor **es** muy importante para tratar cualquier tema.; 7. **Sentí** no **conocer** más películas del director.; 8. Espero, podamos.

**11a** 1. c; 2. b; 3. d; 4. a

## 12 LA ESCUELA DE LA VIDA

**1** **adaptarse a** los horarios de comida, **pensar en** las vacaciones, **relajarse en** las instalaciones, **apuntarse a** un tratamiento, **burlarse de** alguien, **callejear por** el casco antiguo; **poner** la mesa, ... mala cara, ... **en** peligro, ... **de** mal humor; **ponerse** la ropa, ... **de** acuerdo sobre algo, ... **de** pie, ... nervioso; **volver a** la oficina a las 8, ... **a** trabajar esta tarde, ... **antes de** las 10, ... **en** avión, ... **a** pie; **llegar a** ser un artista famoso, ... **a** los Pirineos, ... **por** la carretera, **a** las 7 **de** la tarde, **hasta** el segundo piso; **salir de** casa, ... **por** la puerta, ... **de** tapas.

**2** 1. proviene; 2. utiliza; 3. puedan; 4. escriba; 5. podría; 6. Sea; 7. indique; 8. envíe; 9. conocen; 10. ponga; 11. oculte; 12. solicite; 13. ordene; 14. corrija; 15. salude; 16. se despida; 17. Añada; 18. sean; 19. sea; 20. escriba.

**3**
1. David **dice/asegura que hará** los deberes más tarde.
2. Marina **dice que empieza** el cole a las 10 de la mañana.
3. Juan le **dice/pide** a Elena que **le deje su** bicicleta.
4. Felipe **dice / ha dicho que** el fin de semana **ha ido** al zoo con **sus** padres.
5. Luisa me **pregunta / ha preguntado dónde** está **su** libro de Matemáticas y **que si lo tengo yo**.

**4** 1. zeigen; 2. studieren, lernen; 3. genehmigen, bestehen; 4. das Kotelett, der Spickzettel; 6. ausfallen, durchfallen

**5** 1. ortografía; 2. formación continua; 3. chuleta; 4. perdido; 5. confesó; 6. franquismo; 7. copiar; 8. Derecho

**6** Lösungsvorschlag: ... la palabra *netiqueta* **provenía** del francés *étiquette* (buena educación) y del inglés *net* (red) y se **utilizaba** para las normas de comportamiento en Internet. **Añadía que** el objetivo de la netiqueta era evitar malentendidos o actos que **pudieran/pudiesen** molestar. **Daba también** algunas normas para el correo electrónico: **Que** no **escribiéramos/escribiésemos** los textos en mayúscula, **pues** se **podría** interpretar como que **éramos agresivos** o que **estábamos enfadados**. Y que **fuéramos/fuésemos** amables. **Decía también que era** importante **indicar** el tema de forma clara para que el que lo **recibiera/recibiese pudiera/pudiese** determinar sus prioridades. **Añadía que** en caso de que se **enviara/enviase** un mismo correo a muchas personas –especialmente cuando estas no se **conocieran/conociesen** entre sí–, **deberíamos** poner **nuestra** dirección en destinatario y **ocultar** las direcciones escribiéndolas en el campo Con Copia Oculta. Decía también que no era bueno que **solicitáramos/solicitásemos** confirmación. Por último **decía que era** necesario **saludar** antes del mensaje y **despedirse** como en una carta. Y **recomendaba** que los archivos no **fueran/fuesen** muy grandes.

**7b**
1. ... **que tenía** que ir a clase de francés y **me pidió** que por favor **la acompañase**.
2. ... **si iba** con **ella** a Cuba de vacaciones.
3. ... **que** la semana pasada **había empezado** un curso de chino.
4. ... que **había comprado** entradas pero que **se puso / se había puesto** enferma y no **pudo** / no **había podido** ir.
5. ... que en el cole **le gustaban** mucho las Matemáticas.
6. ... que **había ganado** el gordo de la lotería.
7. ... **terminase mi** carrera.

**8a** 1. desde; 2. academia; 3. clase; 4. educación; 5. política; 6. evitar; 7. vino; 8. arte; 9. iglesia

**8b** Lösungsvorschlag: ... **que** una amiga zamorana **la había** invitado y **allí estaba. Decía que** al final **se había** apuntado a una academia para perfeccionar el español. **Comentaba que** la profesora **era** muy simpática y **trabajaba** muy bien. **Explicaba que hablaban** mucho en clase sobre España, las costumbres, la educación, las diferencias de comportamiento, etc., pero también sobre economía y política, que **le interesaban** mucho. **Comentaba también que** a veces **era** importante saber cómo **eran** las cosas en otros países para evitar malentendidos. Y **añadía** que eso **yo** ya lo **conocía** de Alemania. **Escribía también que** por **el momento hacía** muy buen tiempo y lo **disfrutaban** en las terrazas con una copita de vino. ¡De Toro naturalmente! Porque **era** buenísimo. **Explicaba que** Zamora **era** una ciudad pequeña y se **podía** ir a todos los sitios a pie. **Decía que** para **ella**, que **le** gusta caminar, es muy agradable. Y me **decía que** si **me gustaba** el arte románico **tenía** que **ir. Escribió que anteayer estuvieron** paseando por el casco antiguo y tomando unas tapas cerca del río. **Y que** nunca **había** visto tantos nidos de cigüeña. **Que** en cada iglesia había por lo menos uno, y en algunas hasta tres o cuatro. **Escribió por último** que **hoy van** a ver algunos pueblos importantes de los alrededores.

**9** 1. se ha vuelto / se ha hecho; 2. se ha puesto; 3. se ha puesto; 4. se ha puesto; 5. se ha hecho / se ha vuelto; 6. se ha hecho / se ha vuelto

**10** 1. Me he puesto; 2. ponerte; 3. se ha vuelto; 4. se ha hecho; 5. se han hecho; 6. te has vuelto

**11** 1. c; 2. e; 3. f; 4. b; 5. a; 6. d

## AUTOEVALUACIÓN

**1**
1 **salud y belleza:** el dolor, la fisioterapia, el gimnasio, adelgazar, el síntoma, el sedentarismo, el diagnóstico, la dieta
2 **animales:** el león, el perro, la mascota, en peligro de extinción, el cocodrilo
3 **naturaleza:** hacer montañismo, el ecoturismo, la catástrofe natural, el río, la inundación
4 **fiestas y tradiciones:** el Año Nuevo, el merengue, la orquesta, el carnaval
5 **política y economía:** el gobierno, la canciller federal, gobernar, la mano de obra, la clase media, el golpe de estado, la dictadura
6 **educación:** formación, ser ignorante, el genio, suspender, aprobar, el conocimiento

**2** 1. a base de: auf Grundlage von; 2. a menudo: oft; 3. por algo: nicht ohne Grund / wegen etwas; 4. deberse a: zurückführen auf; 5. cerca de: fast; 6. ¡Justo!: Genau; 7. de una vez: auf einmal; 8. ya que: weil; 9. por igual: zu gleichen Teilen; 10. a eso de las 5: gegen 5

**3** 1. desventaja; 2. diversión; 3. desanimarse; 4. alegría; 5. enfermedad; 6. premio; 7. suciedad; 8. pobreza; 9. belleza; 10. paz; 11. infiel; 12. inseguridad

**5** 1. a, de; 2. para, de; 3. por, para; 4. para, por; 5. con, de, de; 6. desde, de

**6**
1. ¿**Tienes** ganas de ir **conmigo** a un balneario este fin de semana?
2. No **entres** a ver esa película, **es** malísima.
3. **Estaba** en México cuando pasó el huracán.
4. Uruguay es un país maravilloso.
5. El gobierno de **mi** país ni intentó en el pasado ni intenta en el presente solucionar los problemas más graves.
6. **Llegaré** puntual a la cena.
7. ¿**Has** probado alguna vez el mate? ¿**Te gusta**?
8. **Ven** a **verme** a Fuerteventura.

**7**
**1.** d; **2.** e; **3.** a; **4.** b; **5.** c

**8**
**1.** b; **2.** a; **3.** a; **4.** a; **5.** b

**9**
1. «La generación de los mil euros»
2. «Mil niños diabéticos más cada año»
3. «¿Preparados para prescindir de las bolsas de plástico?»
4. «Internet cambia la forma de leer ... ¿y de pensar?»

BILDQUELLEN

**Cover**, oben: © Fotosearch (RF); unten: © P. Himsel – **S. 4**, 1: © Fotolia.com, P. Losevsky (RF); 2: © iStockphoto, A. Stern; 3: © Fotolia.com, C. Mikosch (RF); 4: Wikimedia Commons, GNU-Liz. freie Dok. 1.2, © B. Landgraf; 5: Wikimedia Commons, GNU-Liz. freie Dok. 1.2, © T. Walther; 6: © Cornelsen Verlag, V. Binder – **S. 5**, 1: © Cornelsen Verlag, A. Fritsche; 2: © iStockphoto, R. R. Lee (RF); 3: © Cornelsen Verlag, A. Fritsche; 4: © iStockphoto, T. Mironenko (RF); 5: © iStockphoto, K. Monakhova (RF) – **S. 6**, 1: Wikimedia Commons, gemeinfrei; 2: Wikimedia Commons, gemeinfrei; 3: Wikimedia Commons, gemeinfrei – **S. 8**, 1: © Fotolia.com, 3d-Master (RF); 2: © iStockphoto, P. Lange (RF) – **S. 11**, © Fotolia.com, P. Losevsky (RF) – **S. 16**, © iStockphoto, S. Locke (RF), **S. 17**, © iStockphoto, J. Estey – **S. 18**, © iStockphoto, H. Chang (RF) – **S. 23**, © Fotolia.com, diego cervo (RF) – **S. 28**, © Fotolia.com, S. Ebel (RF) – **S. 29**, 1: Wikimedia Commons, gemeinfrei; 2: Wikimedia Commons, GNU-Liz. freie Dok. 1.2, © Drow_male – **S. 30**, © Fotolia.com, B. Breton (RF) – **S. 31**, 1: © Fotolia.com, Cerridwen (RF); 2: Wikimedia Commons, cc-by-2.0, © Bruce; 3: © Cornselsen Verlag, D. Schmidt; 4: © Fotolia.com, WalterZ1 (RF); 5: Wikimedia Commons, cc-by-sa-2.0, © Nicolas; 6: Wikimedia Commons, GNU-Liz. freie Dok. 1.2, © Wulfstan – **S. 33**, 1: Wikimedia Commons, cc-by-sa-2.5, © T. Reich; 2: Wikimedia Commons, GNU-Liz. freie Dok. 1.2, © A. T. Fairchild; 3: © Cornselsen Verlag, D. Schmidt; 4: © Fotolia.com, Adelin; 5: © Fotolia.com, Tartopom (RF); 6: © Fotolia.com, Cerridwen (RF); 7: Wikimedia Commons, cc-by-2.0, © N. Jewell – **S. 34**, © Fotolia.com, I. Scott (RF) – **S. 36**, 1: © Fotolia.com, W. Jargstorff (RF); 2: © Fotolia.com, Atte (RF); 3: © Fotolia.com, chris74 (RF) – **S. 37**, 1: Wikimedia Commons, gemeinfrei; 2: © Fotolia.com, B. Gabbert (RF); 3: © Fotolia.com, free_photo (RF) – **S. 40**, Wikimedia Commons, gemeinfrei – **S. 41**, © iStockphoto, D. Freund (RF) – **S. 43**, © Cornelsen Verlag, V. Binder – **S. 44**, 1: © Fundación Camino de la lengua castellana; 2: © Fundación Camino de la lengua castellana; 3: © Cornelsen Verlag, A. V. Álvarez – **S. 45**, © Cornelsen Verlag, A. Fritsche – **S. 47**, © Cornelsen Verlag, A. Fritsche – **S. 48**, © Cornelsen Verlag, A. Fritsche – **S. 50**, © E.M. Promoción de Madrid, S. A., 2008, P. Giocoso – **S. 51**, 1: Wikimedia Commons, GNU-Lizenz freie Dok. 1.2, © KittenKlub; 2: Wikimedia Commons, GNU-Lizenz freie Dok. 1.2, © L. García; 3: Wikimedia Commons, GNU-Lizenz freie Dok. 1.2, © Esetena; 4: © Cornelsen Verlag, A. Fritsche – **S. 52**, 1: © iStockphoto, S. Miric (RF); 2: © Fotolia.com, S. Mahapatra (RF) – **S. 54**, 1: © iStockphoto, A. Lewis (RF); 2: © iStockphoto, A. Lewis (RF) – **S. 57**, © Cornelsen Verlag, A. Fritsche – **S. 61**, 2: © iStockphoto, E. Snow (RF) – **S. 62**, 1: Wikipedia, GNU-Lizenz freie Dok. 1.2, © E. Baetscher; 2: Wikipedia, GNU-Lizenz freie Dok. 1.2, © A. Schmidt; 3: © Fotolia.com, A. Klawin (RF) – **S. 63**, 1: © iStockphoto, G. Domenichelli (RF); 2: Wikimedia Commons, gemeinfrei; 3: Wikimedia Commons, GNU-Lizenz freie Dok. 1.2, © M. Catanzariti; 4: Wikimedia Commons, gemeinfrei; 5: Wikimedia Commons, gemeinfrei;– **S. 64**, Wikimedia Commons, © M. St-Amant – **S. 65**, 1: Wikimedia Commons, gemeinfrei; 2: Wikimedia Commons, gemeinfrei; 3: Wikimedia Commons; 4: © Cornelsen Verlag, V. Binder – **S. 66**, © iStockphoto, N. Yaumenenka (RF) – **S. 67**, © Fotolia.com, nyul – **S. 69**, © iStockphoto, C. Schmidt (RF) – **S. 70**, 1: © Fotolia.com, Toro (RF); 2: Wikipedia, Creative Commons Attribution 2.5 license (cc-by), © H. Blanco de Frutos; 3: Wikipedia, GNU-Lizenz, © L. Bleye – **S. 71**, © iStockphoto, K. Monakhova (RF) – **S. 72**, © Cornelsen Verlag, A. Fritsche – **S. 73**, © Cornelsen Verlag, A. Fritsche – **S. 74**, © Cornelsen Verlag, A. Fritsche – **S. 75**, © Cornelsen Verlag, A. Fritsche

**S. 13**, © mauritius images, **S. 61**, 1: © picture alliance, N. Schmidt

TEXTQUELLEN

**S. 11** „Internet cambia la forma de leer ... ¿y de pensar?", © Abel Grau, El País Internacional, Prisacom, S. A. – **S. 23** „¿Es usted un compañero de trabajo bueno o malo?", © Borja Vilaseca, El País Internacional, Prisacom, S. A. – **S. 28** „Mil niños diabéticos más cada año", © Rafael Pérez Ybarra, El País Internacional, Prisacom, S. A.

# In Übung bleiben …

**… ist das Erfolgsrezept gewiefter Könner. Hier empfehlen wir Ihnen Materialien für Ihr persönliches Spanisch-Fitness-Training zu Hause, abgestimmt auf *Perspectivas*.**

**Lextra Spanisch**
**Grund- und Aufbauwortschatz**
Europäischer Referenzrahmen:
Niveau A1–B2
Das zweisprachige Lernwörterbuch ist ein effizientes Werkzeug für alle, die ihren Wortschatz auffrischen oder erweitern wollen bzw. sich auf Prüfungen vorbereiten.

240 Seiten, Festeinband
ISBN 978-3-589-01563-4 13,95 €

**Lextra Spanisch**
**Grundwortschatz Übungsbuch**
Europäischer Referenzrahmen:
Niveau A1–B1
Das Übungsbuch unterstützt den gezielten und nachhaltigen Aufbau des Wortschatzes.

160 Seiten, kartoniert
ISBN 978-3-589-01564-1 12,95 €

**Lextra Themenwörterbuch**
**Spanisch-Deutsch**
Europäischer Referenzrahmen:
Niveau A1–B2
Dieser illustrierte Alltagswortschatz mit rund 20000 Stichwörtern und Wendungen ist nach Sachgebieten geordnet und hilft, die Sprache je nach Situation richtig einzusetzen.

472 Seiten, Festeinband
ISBN 978-3-589-01540-5 19,95 €

**Lextra Spanisch · Lerngrammatik**
Europäischer Referenzrahmen:
Niveau A1–C1
Zum Nachschlagen, Lernen und Üben. Alle Strukturen bis zum Niveau C1 werden in einfacher Sprache erläutert. Zu jedem Kapitel gibt es einen Übungsteil, in dem das Gelernte angewendet und überprüft wird.

328 Seiten, Festeinband
**Grammatik**
ISBN 978-3-589-22450-0 19,95 €
**Grammatik mit Übungs-CD-ROM**
ISBN 978-3-589-22267-4 24,95 €

**DELE · Preparación al Diploma de Español · Inicial B1**
Die Materialien zur Prüfungsvorbereitung auf die *Diplomas Oficiales de ELE* sind an die neuen Anforderungen der Sprachdiplome und die Niveaus des Europäischen Referenzrahmens angepasst. Das Übungsbuch umfasst sechs Musterprüfungen mit authentischen Lese- und Hörmaterialien sowie Aufgaben zum mündlichen und schriftlichen Ausdruck. Die Lösungen sind separat erhältlich.
edelsa

**Übungsbuch mit CD**
ISBN 978-3-06-030063-1 ◇ 18,95 €
**Lösungsschlüssel**
ISBN 978-3-06-030077-8 ◇ 3,75 €

Im Buchhandel erhältlich.
◇ = Unverbindliche Preisempfehlung
Stand der Preise 01.01.2009.

Cornelsen Verlag • 14328 Berlin
www.cornelsen.de

*Willkommen in der Welt des Lernens*

Cornelsen